Pusteblume

Das Arbeitsheft 3

Schulausgangsschrift

Berlin, Brandenburg, Mecklenburg-Vorpommern, Sachsen-Anhalt und Thüringen

Neubearbeitung

Herausgegeben von
Wolfgang Menzel

Erarbeitet von
Sophie Böhme, Erfurt
Anne-Kathrin Jurgan, Rangsdorf
Hennrika Nehls, Satow
Vivian Steppat, Alperstedt
Marion Wilke, Zossen

Unter Einbeziehung der Erarbeitung von
Christel Jahn, Wolfgang Kunsch, Wolfgang Menzel,
Udo Schoeler, Brigitte Schulz, Sabine Stach-Partzsch,
Katja Vau

Illustriert von
Anja Rieger

Schroedel
westermann

Inhaltsverzeichnis

Lernen lernen
Richtig schreiben
Sprache untersuchen
Texte verfassen

So findest du dich auf den Seiten zurecht:

1 Eine Zusatzaufgabe erkennst du an dieser Farbe.

Zusatzwörter und Zusatztexte
erkennst du auch an dieser Farbe.

Merksatz So sieht ein Kasten
mit einer wichtigen Regel aus.

Tipp In so einem Kasten stehen Tipps,
die dir bei deiner Arbeit helfen sollen.

 Wenn du wissen möchtest, ob du eine Aufgabe richtig gelöst hast, kannst du das mit den Lösungsseiten ab Seite 74 selbst kontrollieren. Auf Seite 88 findest du einen Arbeitsplan, in den du eintragen kannst, was du schon geübt hast und was du als Nächstes machen willst.

Das kann ich schon

Wörter nach dem ABC ordnen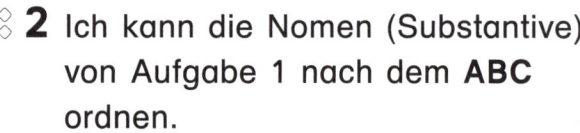

⦾ **1** Ich kann fünf Wörter für Gegenstände mit verschiedenen Anfangsbuchstaben aufschreiben.

⦾ **2** Ich kann die Nomen (Substantive) von Aufgabe 1 nach dem **ABC** ordnen.

1 _____   _____

2 _____   _____

3 _____   _____

4 _____   _____

5 _____   _____

Einen Text abschreiben und kontrollieren

○ **3** Ich kann einen Text in deutlicher Schrift abschreiben.

> Nun gehe ich in die dritte Klasse.
> Mein bester Freund Paul sitzt neben mir.
> Wir haben eine neue Lehrerin. Sie heißt Frau Lange.
> Ich freue mich auf den Englischunterricht.

⦿ **4** Ich kann meinen Text selbst überprüfen.

Ich habe _____ Fehler gefunden.

⦾ **5** Wenn ich einen Fehler gefunden habe, schreibe ich das Wort richtig in mein Heft.

Das kann ich schon

Selbstlaute erkennen

○ **1** Ich kann Selbstlaute in Wörtern erkennen und farbig markieren.

| Schulweg | liegen | Kastanien | träumen | Sonne | wolkig | gesund |

Wörter in Silben zerlegen

2 Ich kann Wörter mit Trennstrichen aufschreiben:

| Schuljahr | Sommerferien | Schwimmunterricht | Klassenlehrerin |

Wörter mit doppeltem Mitlaut schreiben

3 Ich kann Wörter mit doppeltem Mitlaut schreiben:

Wörter mit V/v und Qu/qu

4 Ich kenne Wörter, die mit V/v oder Qu/qu beginnen:

Wörter mit ie schreiben

5 Die Bildwörter kann ich richtig aufschreiben und mit dem Wörterbuch vergleichen:

Wortfamilien erkennen

6 Ich kann Wörter aus der Wortfamilie **fahren** aufschreiben:

Lernen lernen

Das kann ich schon

Nomen (Substantive) ordnen

⦚ **1** Ich kann Nomen (Substantive) ordnen:

der Stift	die Tafel	der Hausmeister	die Blume
das Fahrrad	der Hund	der Lehrer	der Schulbus

Lebewesen	Dinge

Einzahl (Singular) und Mehrzahl (Plural) bilden

⦚ **2** Von diesen Bildwörtern kann ich die Einzahl und die Mehrzahl bilden:

Verben zu Wortfeldern ordnen

⦚ **3** Ich kann Wörter zum Wortfeld **gehen** schreiben:

wandern

gehen

Wortarten unterscheiden

⦚ **4** Ich erkenne Verben und Nomen (Substantive) in Sätzen.
Ich kann sie in unterschiedlichen Farben unterstreichen.

> Auf dem Schulhof spielen die Jungen aus meiner Klasse Basketball.
> Einige Mädchen springen Seil. Leni schaukelt mit ihrer besten Freundin.
> Was machst du in der Pause?

Lernen lernen

Das kann ich schon

Einen Gedankenschwarm aufschreiben

1 Ich kann einen Gedankenschwarm aufschreiben:

klettern   *im Aquarium*

Zoobesuch

Texte überarbeiten – passende Adjektive finden

2 Ich kann einen Text überarbeiten, indem ich passende Adjektive einsetze:

Der _____ Brei
süße/harte

Es war einmal ein _____ Mädchen,
langes/armes

das von einer _____ Frau ein _____ Töpfchen
alten/bitteren   kleines/armes

geschenkt bekam. Wenn das _____ Mädchen
laute/arme

den Zauberspruch „Töpfchen, koche!" sprach, so kochte es Hirsebrei.

Wenn das Kind nun rief: „Töpfchen steh!", so hörte es wieder auf.

Eines Tages war das Mädchen in die Stadt gegangen. Da hatte seine Mutter

_____ Hunger und sagte: „Töpfchen, koche!" Nun kochte es
satten/großen

_____ Brei und die Mutter konnte sich _____
leisen/süßen   schmackhaft/satt

essen. Doch sie hatte den zweiten Spruch vergessen. Bald waren

das ganze Haus und auch die Stadt voller Brei. Erst das Mädchen

stoppte den Topf, indem es _____ schrie: „Töpfchen, steh!"
verzweifelt/fröhlich

Wer ab diesem Tag in die Stadt wollte, musste sich

durch den _____ Brei essen.
salzigen/süßen

Lernen lernen

Mit dem Wörterbuch arbeiten

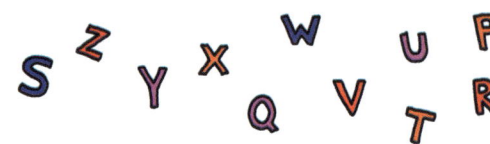

◇ **1** Suche im Wörterbuch passende Wörter:

• das erste Wort mit dem Buchstaben T: _____

• das letzte Wort mit dem Buchstaben R: _____

• ein Adjektiv, das mit dem Buchstaben n beginnt: _____

• ein Verb, das mit dem Buchstaben g beginnt: _____

• ein Tier, das im Wörterbuch zu finden ist: _____

2 Diese Wörter findest du nicht im Wörterbuch.
Unter welchen Wörtern musst du nachschauen?

Grünschnabel: _____ S. ____ und _____ S. ____

Klassenfahrt: _____ S. ____ und _____ S. ____

3 Trenne die Wörter nach ihren Silben.

> Nachbar   niedlich   Spaziergang   fröhlich
> Hofpause   Bücherei   Klassenausflug

_____

_____

_____

4 Suche die gebeugte Form im Wörterbuch und ergänze die Tabelle.

Grundform (Infinitiv)	gebeugte Form
geben	*es*
fahren	*sie*
lesen	*er*
helfen	*sie*
sehen	*er*

Lernen lernen

Wörter nach dem Alphabet ordnen

Merksatz

Wenn Wörter mit dem gleichen Buchstaben anfangen,
musst du den nächsten Buchstaben zum Ordnen nutzen.

1 Markiere den zweiten Buchstaben in jedem Wort.

ahnen – aufwecken	Hitze – herstellen
wichtig – wechseln	schattig – sammeln
Ferien – flüssig	kräftig – klettern
schwierig – Straße	empfindlich – ehrlich
stark – schließlich – süß	Urlaub – ungefährlich – überqueren
richtig – rennen – ruhig	nützlich – natürlich – niemals

2 Unterstreiche in jedem Kasten das Wort, das im Alphabet zuerst steht.

3 Ordne die Nomen (Substantive) nach dem Alphabet.

Spaß   Stadt   See   Schatten   Stiel

4 In jeder Reihe steht ein Verb an der falschen Stelle.
Markiere es und schreibe die Reihe richtig auf.

backen   beginnen   brennen   biegen   bohren

kennen   klettern   kratzen   kämmen   kühlen

5 Ordne die Verben nach dem Alphabet. Achte auf den dritten Buchstaben!

erkennen   erfahren   ersetzen   erwischen   erwarten

▶ Sprachbuch: Seite 14
↓ Lernsoftware: Nr. 8, 9

Lernen lernen

Lange und kurze Selbstlaute (Vokale) unterscheiden

Viele Wörter haben zwei Silben: *Scha-fe, schaf-fen, ...*
- **Schließt** der Mund nach der ersten Silbe,
  dann spricht man einen **kurzen Selbstlaut** (Vokal): *schaf-fen.*
- Bleibt der Mund nach der ersten Silbe **geöffnet**,
  dann spricht man einen **langen Selbstlaut** (Vokal): *Scha-fe.*

1 Sprich die Wörter deutlich aus und finde heraus,
ob die dick gedruckten Selbstlaute lang oder kurz gesprochen werden.

> Biber – bibbern   Ratten – raten   Lupe – Puppe   Kasse – Käse
> besser – Besen   Samen – sammeln   beten – betteln   Suppe – Hupe
> schöne   Lasso   wenig   bitten

2 Markiere die kurzen Selbstlaute mit einem Punkt und die langen mit einem Strich.

3 Schreibe die Wörter geordnet nach kurzen und
langen Selbstlauten mit Trennstrichen auf.

Wörter mit langem Selbstlaut: *Bi-ber,*

Wörter mit kurzem Selbstlaut: *bib-bern,*

4 Sprich die Wörter deutlich aus.

Setze **ff** oder **f** ein.

ru____en   tre____en

scha____en   Ta____el

schla____en   Lö____el

So____a   Wa____el

Setze ein **mm** oder **m** ein.

Blu____e   bu____eln

Kla____er   Na____e

kra____en   sa____eln

bru____en   ko____isch

▶ Sprachbuch: Seite 17
⬇ Lernsoftware: Nr. 10, 11

Richtig schreiben

Adjektive mit Wortbausteinen -ig und -lich 1

Fast alle **Adjektive** mit den **Wortbausteinen** -**ig** und -**lich**
stammen von anderen Wörtern ab:
eckig – die Ecke, freundlich – der Freund.
Wenn du das Adjektiv verlängerst, hörst du -**ig** oder -**lich**:
lustig – lustige, sportlich – sportliche.

1 Bilde die passenden Adjektive mit dem Wortbaustein -**ig**.
Schreibe auch eine verlängerte Form mit Trennstrichen dazu.

der Mut   *mutig*   *mu-ti-ge*

der Spaß

das Gift

der Fleiß

der Dreck

die Lust

2 Vervollständige die Tabelle.

Nomen (Substantiv)	Adjektiv mit -lich	verlängerte Form des Adjektivs
das Glück	*glücklich*	*glückliche*
der Freund		
	sportlich	
das Herz		
		gefährliche
		winterliche

3 Vervollständige die Sätze mit den passenden Adjektiven.

der Sport

der Fleiß

Tino ist ein [   ] Junge.

Meine Schwester ist eine [   ] Schülerin.

Richtig schreiben

Adjektive mit Wortbausteinen -ig und -lich 2

1 Im Suchsel haben sich 6 Adjektive mit **-ig** und **-lich** versteckt.
Kreise sie ein und schreibe sie auf.

S	C	H	R	E	C	K	L	I	C	H	M
L	W	Q	P	Y	S	X	Z	K	O	R	B
P	T	L	U	S	T	I	G	X	D	J	I
I	H	F	D	P	N	E	T	U	Z	A	S
Ä	N	G	S	T	L	I	C	H	L	O	S
K	H	G	D	S	R	T	Z	U	I	P	I
S	O	M	M	E	R	L	I	C	H	H	G
O	P	S	A	L	Z	I	G	M	Ö	W	Z

schrecklich

2 Vervollständige die Wortgruppen mit den Adjektiven von Aufgabe 1.

das *schreckliche* Gewitter   der _____ Witz

der _____ Hund   das _____ Wetter

die _____ Suppe   die _____ Maus

3 Schreibe zu den Nomen (Substantiven) das passende Adjektiv
mit **-ig** oder **-lich** auf.

> der Witz   der Ärger   die Neugier   die Schrift
> der Geiz   der Schmutz   die Feier   der Frieden

witzig,

4 Schreibe zu den Bildwörtern die passenden Adjektive mit **-ig** oder **-lich**.

Richtig schreiben

▶ Sprachbuch: Seite 18
⬇ Lernsoftware: Nr. 26

Nomen (Substantive) erkennen: am Artikel

Merksatz

An den **Artikeln** kann man die **Nomen** (Substantive) erkennen.
Die Artikel in der Einzahl (Singular) sind
die **bestimmten** Artikel: *der, die, das,*
die **unbestimmten** Artikel: *ein, eine, ein.*
In der Mehrzahl (Plural) gibt es nur einen Artikel: *die.*
der Junge – die Jungen, die Straße – die Straßen,
das Mädchen – die Mädchen

1 Setze den bestimmten oder den unbestimmten Artikel passend
in die Lücken ein.

Die Leiter

_____ Dachdecker wollte _____ Dach

_____ Nachbarhauses ausbessern.

Er lehnte _____ Leiter an _____ Dach.

Doch _____ Leiter _____ Dachdeckers war zu kurz.

Da hatte er _____ gute Idee. „Oben fehlt _____ Stück",

sagte er. _____ Stück, das oben fehlt, kann ich ja unten

wegsägen. Dann wird _____ Leiter gerade lang genug."

_____ Nachbar fand _____ Idee gut.

_____ Dachdecker und _____ Nachbar legten

_____ Leiter auf _____ Tisch. Dann sägten

sie _____ Leiter unten ab und nagelten _____ Stück oben an.

Nun stellten sie _____ Leiter wieder an _____ Hauswand.

Ob _____ Ganze _____ gutes Ende genommen hat, haben

_____ Männer nicht verraten.

2 Vergleicht miteinander, ob ihr alle dieselben Artikel eingesetzt habt.

Sprache untersuchen

Nomen (Substantive) erkennen: Wörter für Gefühle

Merksatz

Die meisten **Nomen** (Substantive) sind Wörter für **Dinge** und
Lebewesen: *die Klingel, das Mädchen, der Kaktus.*
Nomen (Substantive) können aber auch Wörter für **Gefühle** sein:
der Spaß, die Wut, das Glück.

1 Finde im Suchsel 5 Wörter für Gefühle. Schreibe sie in die Zeilen.

Ä	A	N	G	S	T
L	U	K	L	N	P
I	F	H	Ü	O	W
E	A	C	C	B	U
B	R	V	K	S	T
E	W	D	Ü	I	P
F	R	E	U	D	E

2 Markiere die Wörter für Gefühle in der Wörterschlange.

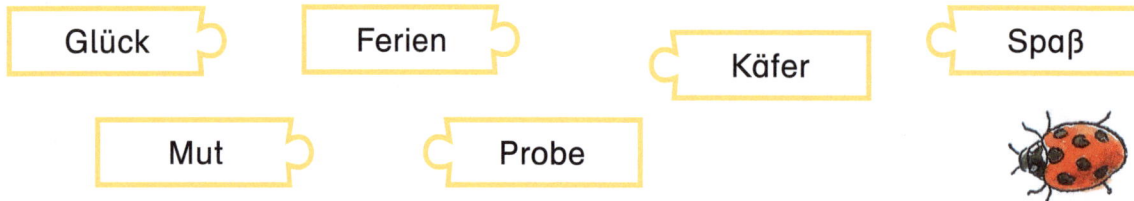

freundlinealmutnachbarstifttrauerklassenbuchglück

3 Schreibe die Wörter für Gefühle mit Artikel untereinander auf
und finde verwandte Wörter. Achte auf die Großschreibung!

der

4 Verbinde die Nomen (Substantive), die zusammenpassen.

Glück   Ferien   Käfer   Spaß

Mut   Probe

5 Schreibe die zusammengesetzten Wörter von Aufgabe 4 auf.

▶ Sprachbuch: Seite 21
⬇ Lernsoftware: Nr. 32

Sprache untersuchen

Texte überarbeiten: blaue Textlupe

1 Pantomime: Ein Kind spielt ein Verb vor, ohne zu sprechen, die anderen raten.

> stolpern   hüpfen   trippeln   spazieren   stampfen   bummeln
>
> schlendern   laufen   rennen   flitzen   humpeln   ~~rasen~~
>
> schleichen   eilen   spurten   tänzeln   hasten   hetzen

2 Zu welchem Wortfeld gehören alle Verben von Aufgabe 1?

3 In der Geschichte wiederholt sich das Verb **gehen**.
Überlege, an welcher Stelle du
ein passenderes Verb verwenden kannst.
Markiere die Stelle mit einem Kreuz.

> Suche ein passenderes Wort.

Auf dem Schulhof

Alle Kinder **X** _rasen_ _____ auf den Pausenhof.
_{gehen}

Ein Junge _____ zu schnell, fällt hin und verletzt sich am Knie.
_{gehen}

Er _____ langsam zu den anderen Kindern.
_{gehen}

Die Lehrerin _____ auf dem Schulhof hin und her.
_{gehen}

Am Sandkasten versuchen einige Mädchen, ganz weit zu _____.
_{gehen}

Drei Jungen haben es gar nicht eilig. Sie _____ über den Hof.
_{gehen}

Einige Kinder aus der ersten Klasse trompeten

und _____ wie Elefanten.
_{gehen}

Die dritten Klassen spielen Fangen.

Sie _____ schnell voreinander weg.
_{gehen}

Mit dem Pausenklingeln _____ alle Kinder zurück in ihre Klassen.
_{gehen}

4 Schreibe nun in die Zeilen passende Verben: ___ _rasen_ ___
_{gehen}

5 Schreibe fünf Sätze mit Verben aus dem Wortfeld **gehen** in dein Heft.

▶ Sprachbuch: Seite 22
⬇ Lernsoftware: Nr. 2, 3

Texte verfassen

Texte überarbeiten: gelbe Textlupe

◇ **1** Lies den Text.

> **Satzanfänge** kann man verbessern durch:
> • das **Umstellen** von Wörtern
> • das **Weglassen** von Wörtern
> • das **Einsetzen** anderer Wörter: *plötzlich, nun, ...*

Auf dem Spielplatz

1. Gestern verabredete ich mich mit meiner Freundin Tina.
2. Wir fuhren mit unseren Fahrrädern auf den Waldspielplatz.
3. Wir trafen <u>dort</u> einige Jungen aus unserer Klasse.

4. Wir hatten viel Spaß <u>beim Schaukeln</u>.

5. Wir hörten <u>plötzlich</u> ein seltsames Geräusch.

2 In den Sätzen 3, 4 und 5 musst du einen anderen Satzanfang finden, damit der Text besser klingt. Stelle dazu das unterstrichene Satzglied an den Satzanfang. Schreibe den verbesserten Satz darunter.

◇ **3** Lies den Text weiter.

Achte auf den Satzanfang!

6. Da entdeckten wir ein kleines Eichhörnchen.
7. <mark>Da</mark> versuchten wir, es mit Bucheckern zu füttern.

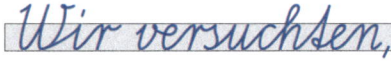
Wir versuchten,

8. <mark>Da</mark> kam es langsam immer näher.

9. <mark>Da</mark> bellte plötzlich ein Hund.

10. Da kletterte es erschrocken auf einen Baum zurück.

4 In den Sätzen 7, 8 und 9 musst du ein Wort weglassen und einen anderen Satzanfang finden, um den Text zu verbessern. Schreibe den verbesserten Satz darunter.

5 Schreibe die verbesserte Geschichte vollständig in dein Heft.

▶ Sprachbuch: Seite 22
⤓ Lernsoftware: Nr. 5

Was kann ich nun?

Teste dich selbst. Bearbeite die folgenden Aufgaben.
Schau dann auf Seite 76 nach, ob du sie richtig gelöst hast.
Male in die Kreise: Die Aufgabe war leicht ☺, mittel ☺, schwer ☹.

1 Ordne die Verben nach dem Alphabet.

> fühlen   frieren   fressen   fassen   fehlen

2 Lies die Wörter im Kasten. Markiere in der ersten Silbe den kurzen
Selbstlaut mit einem Punkt, den langen Selbstlaut mit einem Strich.

> summen   Blume   Schafe   schaffen   Kasse   Rasen   rennen   Kino

3 Schreibe die Wörter von Aufgabe 2 mit Trennstrichen auf.

4 Bilde aus den Nomen (Substantiven) Adjektive mit **-ig** oder **-lich**.
Schreibe Wortgruppen: *die freundliche Tante …*

> Freund   Witz   Gift   Gefahr   Angst

5 Hier stimmt etwas nicht. Unterstreiche in dem Witz
alle Nomen (Substantive) mit ihren Artikeln.

> Der lehrer fragt die klasse: „Was ist ein sattelschlepper?"
>
> Da meldet sich eine schülerin: „Vermutlich ist das ein cowboy,
>
> welcher ein pferd verloren hat."

6 Schreibe den Witz richtig in dein Heft.
Achte auf die Groß- und Kleinschreibung!

▶ Sprachbuch: Seite 25

Wörter üben

1 Ordne die Wörter nach dem Alphabet.

> Huhn   Gemüsegarten   ernten   Lamm
> Bauernhof   Kartoffel   Getreidefeld   füttern

2 Schreibe die Wörter nach der Anzahl ihrer Silben auf.

1 Silbe:

2 Silben:

3 Silben:

mehr als 3 Silben:

3 Schreibe die Nomen (Substantive) in der Einzahl und Mehrzahl mit Artikel auf.

Einzahl	Mehrzahl
das Huhn	*die*

4 Schreibe die Verben in der gebeugten Form mit **du** und **er** auf.

füttern	ernten	fahren
du		
er		

▶ Sprachbuch: Seite 32

Lernen lernen

Wörter üben – Wortfelder

1 Lies alle Sätze.

1 Das Huhn spricht aufgeregt.
2 Das Schwein spricht zufrieden.
3 Die Katze spricht hungrig.

4 Das Pferd spricht nervös.
5 Der Hund spricht gefährlich.
6 Der Hahn spricht laut.

2 Was fällt dir auf?

3 Welches Verb passt zu welchem Satz von Aufgabe 1? Nummeriere.

gackert   wiehert   miaut   grunzt   knurrt   kräht

4 Welche Geräusche machen diese Tiere?

Die Bienen .

Die Vögel .

Die Frösche .

5 Wörter in einem Wortfeld haben eine ähnliche Bedeutung.
In jeder Reihe passt ein Wort nicht. Streiche es durch.

speisen – futtern – naschen – kochen

hüpfen – hopsen – schleichen – hoppeln

sehen – starten – gucken – glotzen

nett – höflich – hübsch – zuvorkommend

6 Ergänze ein eigenes Beispiel zu den Wortfeldern in Aufgabe 5.

7 Finde weitere Wörter zum Wortfeld **gehen**. Schreibe so: *Ich renne zum Bus.*

Ich zum Bus.

Ich zum Bus.

Ich zum Bus.

Ich zum Bus.

Lernen lernen

Wörter mit doppelten Mitlauten (Konsonanten) schreiben 1

Merksatz

Auf einen **kurzen Selbstlaut** (Vokal) folgen meist
zwei verschiedene Mitlaute (Konsonanten): *falten, Taste, kurz*.
Wenn du nur **einen Mitlaut** (Konsonanten) hörst,
wird dieser beim Schreiben **verdoppelt**: *kennen, Brille, dünn*.

1 Verbinde die Adjektive mit den passenden Nomen (Substantiven).

hell	die Klasse
schnell	die Sonne
nett	der Roller

stumm	der Lappen
voll	die Puppe
nass	die Schüssel

2 Markiere die doppelten Mitlaute.

3 Bilde mit den Wörtern von Aufgabe 1 Wortgruppen. Schreibe so:

die helle Sonne,

4 Welche Wörter haben den gleichen Wortstamm?
Kennzeichne die Kästen in der gleichen Farbe.

Gewinnspiel	Gewissen	Kennzeichen	Fressnapf	Rennbahn
rennen	fressen	wissen	kennen	gewinnen

5 Schreibe die Wortpaare auf. Finde ein weiteres verwandtes Wort.

Gewinnspiel – *gewinnen* –

____ – ____ – ____

____ – ____ – ____

____ – ____ – ____

____ – ____ – ____

Richtig schreiben

▶ Sprachbuch: Seite 35
⬇ Lernsoftware: Nr. 12

Wörter mit doppelten Mitlauten (Konsonanten) schreiben 2

1 Schreibe die Verben in der richtigen Form in die Lücken.

Du *rennst* kommt von **rennen**, es _____ kommt von **brennen**,

er _____ kommt von **schwimmen**, es _____ kommt von **stimmen**,

du _____ kommt von **müssen**, er _____ kommt von **küssen**.

Er _____ kommt von **bellen**, du _____ kommt von **stellen**,

ich _____ kommt von **wollen**, du _____ kommt von **sollen**.

2 Finde immer das Gegenteil.
Welche Adjektive mit doppeltem Mitlaut sind gemeint?

dick – __ __ __ __   langsam – __ __ __ __ __ __ __

leer – __ __ __ __   trocken – __ __ __ __

gerade – __ __ __ __ __   mager – __ __ __ __

3 Welche Wörter mit doppelten Mitlauten fehlen hier? Trage sie ein.

Die Bäuerin bereitet das *Futter* TTUFRE für die Schweine vor.

Dazu nimmt sie eine _____ ÜSCHSELS , denn Schweine fressen

nicht von einem _____ LLETER . _____ NELARTFFOK

und _____ ORKATTEN mögen Schweine besonders gern.

Sie trinken auch nicht aus einem Glas, sondern saufen

aus einer _____ NNEWA . Der Bauer füllt die Wanne

immer mit frischem _____ REWASS .

4 Markiere bei den Wörtern im Text alle doppelten Mitlaute.

5 Wähle Wörter mit doppeltem Mitlaut von dieser Seite aus.
Schreibe mit diesen Wörtern Witzsätze in dein Heft:

Die nette Karotte frisst Kartoffeln vom Teller.

Richtig schreiben

Wörter mit b, d, g verlängern 1

> **Merksatz**
>
> Am Ende eines Wortes hören sich **b, d, g** oft wie **p, t, k** an:
> *Dieb, gesund, Zwerg.*
> Wenn du das Wort **verlängerst**, kannst du **b, d, g** deutlich hören:
> *Diebe, gesunde, Zwerge.*

1 Markiere die 6 Nomen (Substantive) im Suchsel.

W	A	L	D	R	O	P	H	T
I	V	R	O	S	K	O	R	B
D	T	N	U	I	Z	W	U	F
I	T	Y	K	M	N	I	O	L
E	D	Z	W	E	I	G	P	K
B	Z	W	E	G	Q	D	V	B
J	A	U	F	F	E	L	D	Y

2 Schreibe die Nomen (Substantive) in der Mehrzahl neben das Suchsel.

3 Schreibe sinnvolle Wortgruppen auf.

Kalb   Wind   Pferd   Zwerg

winzig   lieb   eisig   wild

ein liebes Kalb,

4 **b** oder **p**, **d** oder **t**, **g** oder **k**? Setze die Adjektive in der verlängerten Form in die Wortgruppen ein. Schreibe hinter die Wortgruppe das Adjektiv:

hal▪ – ein *halber* Apfel → *halb*

lie▪ – das _____ Ferkel → _____

spannen▪ – die _____ Geschichte → _____

schwieri▪ – der _____ Test → _____

▶ Sprachbuch: Seite 36, 37
⬇ Lernsoftware: Nr. 18

Wörter mit b, d, g verlängern 2

1 Unterstreiche die Verben in den Sätzen.

Mein Freund <u>lebt</u> auf einem Bauernhof. *leben*

Die Bäuerin trägt eine Milchkanne.

Eine Schwalbe fliegt in den Stall.

Der Bauer lobt den Hund.

Magst du frische Milch?

Heute bleibt der Bulle auf der Weide.

2 Schreibe die Verben in der Grundform (Infinitiv) hinter jeden Satz.

3 Vervollständige die Sätze.
Schreibe das Verb in der gebeugten Form in die Lücken.

Er *bleibt* kommt von **bleiben**. Sie _____ kommt von **schreiben**.

Du _____ kommt von **liegen**. Du _____ kommt von **biegen**.

Er _____ kommt von **glauben**. Er _____ kommt von **rauben**.

Es _____ kommt von **kleben**. Du _____ kommt von **heben**.

Er _____ kommt von **tragen**. Sie _____ kommt von **schlagen**.

4 Welche Nomen (Substantive) mit **b** oder **d** am Ende sind gemeint?

Wer reist ständig kostenlos um die Erde?

Wer rüttelt sich und schüttelt sich
und macht ein feines Häufchen unter sich?

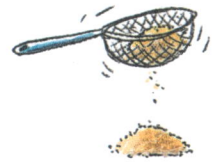

5 Schreibe selbst ein Rätsel zu einem dieser Wörter in dein Heft.

Berg   Zwerg   König

Personalpronomen verwenden

Personalpronomen (Fürwörter) sind Wörter, die du **für Nomen** (Substantive) einsetzen kannst. So musst du das Nomen (Substantiv) nicht ständig wiederholen.
Personalpronomen in der Einzahl (Singular): *ich, du, er, sie, es.*
Personalpronomen in der Mehrzahl (Plural): *wir, ihr, sie.*

1 Ersetze die unterstrichenen Wörter durch Personalpronomen.
<u>Das Pferd</u> wiehert auf der Koppel.

Es wiehert auf der Koppel.

<u>Die Ziege</u> meckert im Stall.

<u>Leo und ich</u> lachen laut.

Im Nest haben <u>die Küken</u> es warm.

2 Unterstreiche die Personalpronomen im Text.

Der Bauer arbeitet fleißig. „Auf dem Feld haben wir viel zu tun", sagt er.
Die Bäuerin arbeitet im Stall. Sie füttert die Tiere.
In der Nacht ist ein Fohlen geboren. Es trinkt gerade.
Die kleinen Kaninchen kannst du kaum sehen. Sie verstecken
sich im Stroh. Ich mag die süßen Kätzchen am liebsten.

3 Ergänze im Text das passende Personalpronomen.

ich   sie   sie   er   wir   es

_____ wohne mit meiner Familie auf einem alten Bauernhof.

Meine Schwester ist 17 Jahre alt. _____ arbeitet mit meinem Vater im Stall.

Gemeinsam kümmern _____ sich um die Kühe. Auch ein Bulle lebt

auf unserem Hof. Meistens steht _____ auf der Weide. Seit letzter Woche

haben _____ auch ein Kätzchen. Mutter füttert _____ mit Kondensmilch.

▶ Sprachbuch: Seite 38

Mehrzahl (Plural) von Nomen (Substantiven) bilden

Merksatz

Die meisten **Nomen** (Substantive) haben eine **Einzahl** (Singular) und eine **Mehrzahl** (Plural). Die Mehrzahl erkennt man

- an der **Endung**: *das Schwein – die Schweine*
- oder an **Umlauten**: *die Kuh – die Kühe*
- oder nur am **Artikel die**: *das Mädchen – die Mädchen.*

1 Bilde die Mehrzahl der Nomen (Substantive).

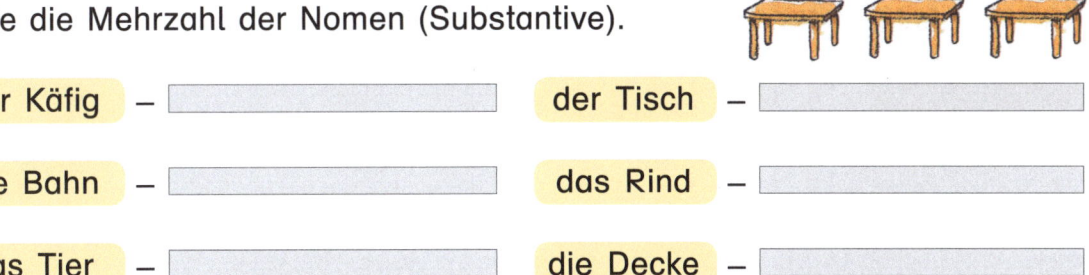

der Käfig – [   ]   der Tisch – [   ]

die Bahn – [   ]   das Rind – [   ]

das Tier – [   ]   die Decke – [   ]

2 Markiere die Endungen der Nomen (Substantive) in der Mehrzahl.

3 Trage die Nomen (Substantive) in der Mehrzahl in die Tabelle ein.

Maschine	Taxi	Clown	Ecke	Löffel
Foto	Fernseher	Gebäude	Kartoffel	

Mehrzahl mit -n	Mehrzahl mit -s	Mehrzahl genau wie Einzahl
Maschinen		

4 Bei diesen Nomen (Substantiven) verändert sich in der Mehrzahl der Selbstlaut. Schreibe die Wörter in der Mehrzahl in die richtige Zeile.

der Arzt	der Wald	die Nuss	der Ofen	der Traum	das Haus
der Fluss	der Block	der Fuchs	der Baum	der Draht	der Lohn

mit ä: [   ]

mit ö: [   ]

mit ü: [   ]

mit äu: [   ]

Sprache untersuchen

© Bildungshaus Schulbuchverlage

Adjektive erkennen und verwenden

Merksatz

Adjektive sagen genauer, wie etwas ist oder aussieht:
rund, blau, langweilig, ...
Steht das **Adjektiv** vor einem **Nomen** (Substantiv),
verändert es sich: *Der Esel ist grau. – der graue Esel*

1 Male die Kästen in der richtige Farbe aus.

Wie sich etwas anhört: **Wie etwas schmeckt:**

salzig	laut	heiser	leise
piepsig	bitter	süß	sauer

2 Schreibe mit einigen Adjektiven Sätze und Wortgruppen:

Die Musik ist laut. – die laute Musik

3 Setze passende Adjektive in die Lücken ein.

kräftig
gefleckt
kurz

die *kräftige* Kuh

das _____ Fell

die _____ Hörner

die *gekrümmten* Hörner

die _____ Wolle

der _____ Schwanz

_____

_____

_____

▶ Sprachbuch: Seite 40
⤓ Lernsoftware: Nr. 37, 39

Mit Adjektiven vergleichen

Mit Adjektiven kann man Dinge und Lebewesen **vergleichen**.
Die meisten Adjektive kann man steigern. Sie haben
eine **Grundstufe**:   *Das Kalb ist **groß**.*
eine **Mehrstufe**:   *Die Kuh ist **größer**.*
und eine **Meiststufe**:   *Der Bulle ist **am größten**.*

1 Setze die Adjektive in der richtigen Form ein.

Ente: Mein Ei ist [＿＿＿＿＿＿] als deins.   **groß**

Huhn: Dafür ist mein Stall [＿＿＿＿＿].   **schön**

Ente: Mein Schnabel ist [＿＿＿＿＿] als deiner.   **lang**

Huhn: Aber meiner ist viel [＿＿＿＿＿].   **spitz**

Ente: Ich bin die [＿＿＿＿＿] Schwimmerin auf dem Hof.   **gut**

Huhn: Ich lege die [＿＿＿＿＿] Eier.   **viele**

2 Ergänze die Tabelle.

Grundstufe	Mehrstufe	Meiststufe
groß	*größer*	*am größten*
	dünner	
		am häufigsten
hungrig	*hungriger*	
nah		
dick		
		am schönsten
gut		
viel		

▶ Sprachbuch: Seite 41
↧ Lernsoftware: Nr. 38

Eine Geschichte spannender schreiben

○ **1** Lies die Geschichte.

○ **2** Setze passende Adjektive in die Lücken ein.

_____

Eine _____ Entenmutter hatte sieben _____ Entlein.
stolze/uralte _____ *kleine/gutmütige*

Ein Entlein war ungewöhnlich _____.
hässlich/schön

Alle anderen Tiere lachten über das _____ Entenküken.
besondere/tolle

Da beschloss es, davonzulaufen. Auf seinem Weg traf es

eine _____ Bäuerin,
alte/hässliche

die das Entlein für eine _____ Gans hielt.
junge/stolze

Sie sperrte es in einen _____ Käfig, doch
großen/engen

im _____ Morgengrauen konnte das Küken fliehen.
nächtlichen/frühen

Es gelangte an einen _____ See und beobachtete dort
klaren/einsamen

die _____ Schwäne. In dem _____ Winter
eleganten/gestreiften _____ *eisigen/warmen*

wäre es fast erfroren, wenn sich nicht ein _____ Bauer
gutmütiger/netter

um das Entlein gekümmert hätte. Im _____ Frühling brachte
milden/nächsten

er das Tier an einen _____ See.
wundervollen/anderen

Als es dort in das _____ Wasser schaute,
schmutzige/glasklare

erkannte es sein _____ Spiegelbild.
bildschönes/witziges

Aus dem Küken war ein _____ Schwan geworden.
lustiger/prächtiger

○ **3** Gib der Geschichte eine passende Überschrift.

○ **4** Schreibe die Geschichte in dein Heft.

▶ Sprachbuch: Seite 42
⤓ Lernsoftware: Nr. 4

Was kann ich nun?

Teste dich selbst. Bearbeite die folgenden Aufgaben.
Schau dann auf Seite 79 nach, ob du sie richtig gelöst hast.
Male in die Kreise: Die Aufgabe war leicht ☺, mittel 😐, schwer ☹.

1 Welche Wörter mit doppeltem Mitlaut sind hier gemeint?
Schreibe sie mit Artikel auf.

2 Streiche bei jedem Wort den falschen Buchstaben durch.

junk/g   Bang/k   Wald/t   kald/t   Korb/p

3 Wie kannst du herausfinden,
ob das Wort **wild/t** am Ende mit **d** oder **t** geschrieben wird?

4 Ersetze beim Abschreiben die unterstrichenen Wörter durch Personalpronomen.

<u>Leon</u> hilft bei der Ernte.

<u>Mona und ich</u> spielen Fangen.

<u>Die Kühe</u> stehen im Stall.

5 Bilde die Mehrzahl der Wörter.

Wald –   Henne –   Auto –

6 Unterstreiche in den Sätzen die Adjektive.

Auf dem großen Bauernhof versorgt die fleißige Bäuerin die Tiere.
Das kleine Kätzchen schläft in einem gemütlichen Korb.
Mit dem grünen Traktor fährt der Bauer in die alte Scheune.

7 Schreibe die richtige Steigerungsform von **schnell** in die Lücken.

Das Fahrrad ist   .

Der Traktor ist   .

Das Flugzeug ist   .

Was kann ich nun?

▶ Sprachbuch: Seite 45

Gedichte abschreiben

- Lies das Gedicht.
- Merke dir die Überschrift. Schreibe sie auf.
- Unterstreiche die Überschrift.
- Lass eine Zeile frei.

- Lies die erste Zeile (Vers) und schreibe sie ab.
- Schreibe den nächsten Vers in eine neue Zeile.
- Lass nach jeder Strophe eine Zeile frei.
- Schreibe so das ganze Gedicht ab.
- Schreibe den Namen des Autors unter das Gedicht.

1 Schreibe das Gedicht ab. Beachte die Tipps zum Abschreiben!

Der Regenbogen

Ein Regenbogen,

komm und schau;

rot und orange,

gelb, grün und blau.

So herrliche Farben

kann keiner bezahlen,

sie über den halben

Himmel zu malen.

Ihn malte die Sonne

mit goldener Hand

auf eine wandernde

Regenwand.

Josef Guggenmos

2 Schreibe ein eigenes Gedicht ab.
Du kannst es schön gestalten und verschenken.

Lernen lernen

▶ Sprachbuch: Seite 52

Zusammentreffen gleicher Buchstaben beachten

Merksatz

Wenn bei einem zusammengesetzten Wort
zwei gleiche Buchstaben aufeinandertreffen,
muss man **beide schreiben**, auch wenn man das nicht hört:
Telefon + Nummer = Telefonnummer, ent + täuschen = enttäuschen.

1 Im Suchsel haben sich 6 Verben versteckt, bei denen
zwei gleiche Buchstaben aufeinandertreffen. Kreise sie ein.

A	B	B	I	E	G	E	N	J	C	U
L	W	E	G	G	E	H	E	N	O	X
Ü	B	E	R	R	A	S	C	H	E	N
I	H	F	D	P	N	E	T	U	Z	A
A	U	F	F	A	N	G	E	N	L	O
K	H	G	D	E	R	R	A	T	E	N
A	U	S	S	E	H	E	N	T	K	N

ab-bie-gen

2 Schreibe die Verben mit Trennstrichen auf.

3 Bilde sinnvolle zusammengesetzte Wörter. Setze die Wörter so zusammen,
dass zwei gleiche Buchstaben aufeinandertreffen:

Wasser	Tür		Lampe	Hut
Stroh	Nebel	**+**	Ruhe	Rutsche
Winter	Schule		leicht	Rahmen
Schiff	viel		Fahrt	Leiterin

Wasserrutsche,

4 Begründe in deinem Heft, warum man **Brennnessel** mit drei **n** schreibt.

Richtig schreiben

▶ Sprachbuch: Seite 54
⤓ Lernsoftware: Nr. 27, 28

Wörter mit Ver-/ver- und Vor-/vor- schreiben

1 Bilde Verben mit der Vorsilbe **ver-**:

| ver- | trocknen | wehen | raten | regnen | reisen |

vertrocknen,

2 Bilde sinnvolle Nomen (Substantive). Setze **Ver-** oder **Vor-** richtig ein:

der *Ver*käufer   die ____wahl   das ____haben

die ____beugung   der ____sprung   die ____freude

das ____sprechen   der ____mieter   der ____rat

3 Bilde Wörter mit den Vorsilben **Ver-/ver-** und **Vor-/vor-**.
Achte auf die Groß- und Kleinschreibung!

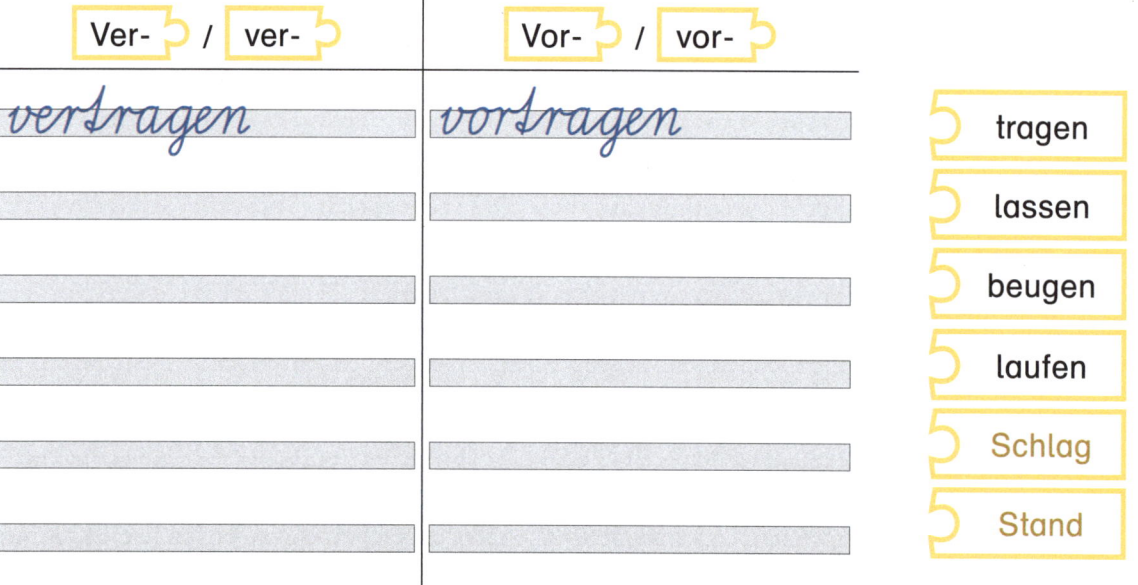

Ver- / ver-	Vor- / vor-	
vertragen	*vortragen*	tragen
		lassen
		beugen
		laufen
		Schlag
		Stand

4 Vervollständige die Sätze. Setze die Verben in der richtigen Form ein.

Ich _____ mich oft im Supermarkt.   **verlaufen**

Meine Schwester ____ bei einer Wanderung oft ____.   **vorlaufen**

Mein kleiner Bruder _____ sich noch.   **verrechnen**

Die Lehrerin _____ ihm die Aufgaben ____.   **vorrechnen**

5 Schreibe jeweils einen Satz mit diesen Verben in dein Heft:

verfahren   **vorfahren**

▶ Sprachbuch: Seite 54

Richtig schreiben

Wörter mit doppeltem Selbstlaut (Vokal) schreiben

Merksatz

Wörter mit **aa, ee** und **oo** musst du dir **merken**: *Saal, Tee, Zoo.*

1 Schreibe die Nomen (Substantive) mit doppeltem Selbstlaut mit Artikel auf.

2 Unterstreiche in den Wörtern den doppelten Selbstlaut.

3 In den Wörtern sind die Buchstaben durcheinandergeraten. Schreibe sie richtig auf.

rooM	erel	food	laA	alaS	chelStarebee

4 Löse die Rätsel. Finde die Wörter mit **ee** und **oo**.

a. Ein Park, in dem Tiere besichtigt werden können, heißt _____.

b. Eine kleine rundliche Frucht ist eine _____.

c. Weißer Niederschlag aus gefrorenem Wasser heißt _____.

Merksatz

Wenn **zwei** Dinge zusammengehören, sind sie ein **Paar**.
Mehrere oder **einige** Dinge sind ein **paar** Dinge.

5 Setze **Paar** oder **paar** richtig ein.

a. Mein altes _____ Gummistiefel passt nicht mehr.

b. Ich habe in ein _____ Wochen Geburtstag.

c. Dieses _____ Handschuhe mag ich am liebsten.

d. Lena hat ein _____ Sommersprossen auf der Nase.

6 Schreibe einen Satz mit **paar** und einen mit **Paar** in dein Heft.

▶ Sprachbuch: Seite 55
⬇ Lernsoftware: Nr. 13

Nomen (Substantive) zusammensetzen

Merksatz

Viele **Nomen** (Substantive) kann man **zusammensetzen**.
Aus das Gewitter und die Wolke wird die Gewitterwolke.
Der zweite Teil eines zusammengesetzten Nomens (Substantivs)
heißt Grundwort: Eine Gewitterwolke ist vor allem eine Wolke.
Der **erste** Teil heißt Bestimmungswort.
Es bestimmt das Grundwort näher:
Eine Gewitterwolke ist eine ganz **bestimmte** Wolke.

1 In der Wörterschlange haben sich zusammengesetzte Nomen (Substantive)
versteckt. Trenne sie mit einem Strich und schreibe sie mit Artikel auf.

EISBÄRBAUERNREGELSCHNEEBALLGLATTEISWETTERBERICHT

der Eisbär,

2 Unterstreiche in den zusammengesetzten Nomen (Substantiven)
das Bestimmungswort blau und das Grundwort grün.

3 Löse die Bilderrätsel. Schreibe die zusammengesetzten Nomen
(Substantive) mit Artikel auf.

    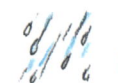    

         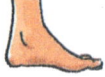 

4 Zeichne selbst Bilderrätsel.

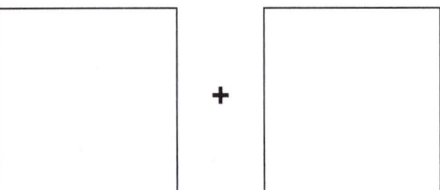

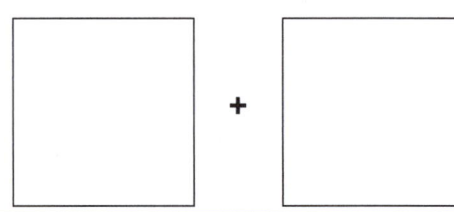

Sprache untersuchen

34

▶ Sprachbuch: Seite 57
⤓ Lernsoftware: Nr. 27, 36

Zusammengesetzte Nomen (Substantive) üben

Merksatz

Beim Zusammensetzen von Nomen (Substantiven)
richtet sich der Artikel immer nach dem Grundwort:
das Gewitter + die Wolke = die Gewitterwolke

1 Bilde zusammengesetzte Nomen (Substantive) mit dem Wort **Wasser**.

Grund		Fall
Regen	Wasser	Flasche
Schmutz		Glas

das Grundwasser

2 Unterstreiche bei den Wörtern von Aufgabe 1 den Artikel und das Grundwort.

Merksatz

Manchmal müssen beim **Zusammensetzen** von **Nomen** (Substantiven)
Buchstaben eingefügt oder weggelassen werden:
die Geburt + der Tag = der Geburtstag
die Schule + der Tag = der Schultag

3 Setze die Nomen (Substantive) zusammen und schreibe sie mit Artikel auf.
Achte auf Buchstaben, die du einfügen oder weglassen musst!

Sterne	Himmel	
Esel	Ohr	
Schule	Buch	
Liebe	Brief	
Schlitten	Schuh	
Geburtstag		

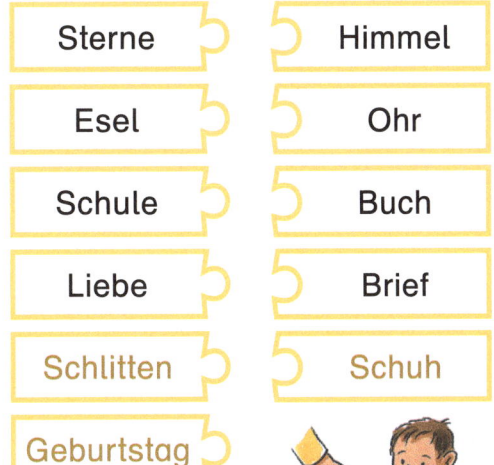

▶ Sprachbuch: Seite 58
↓ Lernsoftware: Nr. 27, 36

35

Sprache untersuchen

© Bildungshaus Schulbuchverlage

Artikel – Adjektiv – Nomen (Substantiv) verwenden

Manchmal steht ein **Adjektiv** zwischen dem **Artikel**
und dem **Nomen** (Substantiv):

Artikel	Adjektiv	Nomen (Substantiv)
die	*gelbe*	*Jacke*

Der Artikel gehört zum Nomen (Substantiv).
Das Adjektiv schreibt man klein.

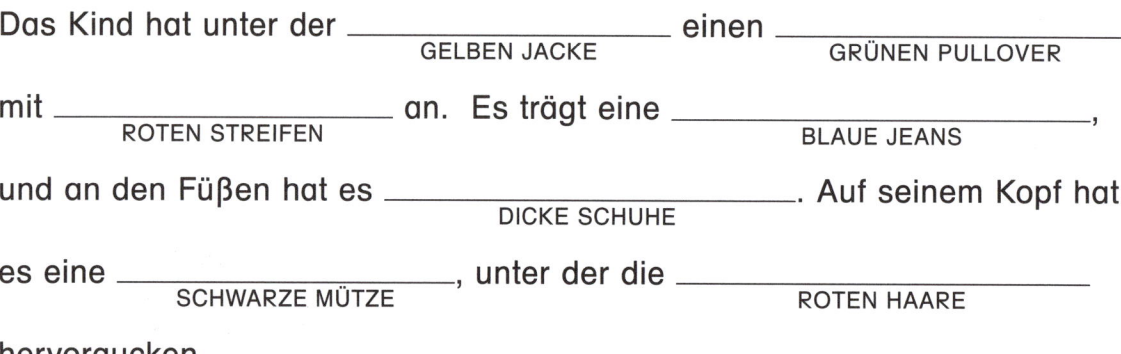

1 Setze die Adjektive und Nomen (Substantive)
in die Lücken ein.
Achte auf die Groß- und Kleinschreibung!

Das Kind hat unter der ＿＿＿＿＿＿＿＿ einen ＿＿＿＿＿＿＿＿
GELBEN JACKE   GRÜNEN PULLOVER

mit ＿＿＿＿＿＿ an. Es trägt eine ＿＿＿＿＿＿＿＿,
ROTEN STREIFEN   BLAUE JEANS

und an den Füßen hat es ＿＿＿＿＿＿＿＿. Auf seinem Kopf hat
DICKE SCHUHE

es eine ＿＿＿＿＿＿, unter der die ＿＿＿＿＿＿
SCHWARZE MÜTZE   ROTEN HAARE

hervorgucken.

2 Male das Bild des Jungen an.
Schreibe in den Text die passenden Adjektive und Nomen (Substantive).

Dieses Kind hat eine ＿＿＿＿＿＿＿＿ an.
Was für eine Hose?

Es trägt einen ＿＿＿＿＿＿＿.
Was für einen Pulli?

Darüber hat es eine ＿＿＿＿＿＿＿ angezogen.
Was für eine Jacke?

Auf dem Kopf hat es eine ＿＿＿＿＿＿ .
Was für eine Mütze?

Darunter gucken die ＿＿＿＿＿＿＿ hervor.
Was für Haare?

Es trägt ＿＿＿＿＿＿＿ an seinen Füßen.
Was für Schuhe?

3 Schreibe so einen Text über ein anderes Kind
in deiner Klasse. Lass jemanden erraten,
wen du beschrieben hast.

▶ Sprachbuch: Seite 59
⤓ Lernsoftware: Nr. 34, 39

Sprache untersuchen

Elfchen schreiben und überarbeiten

Anleitung – Elfchen schreiben

Zeile 1 – ein wichtiges Wort:	Wetter
Zeile 2 – zwei Wörter:	Regen Sonne
Zeile 3 – drei Wörter:	Täglich neue Himmelsbilder
Zeile 4 – vier Wörter:	Was sehe ich heute
Zeile 5 – ein Schlusswort:	Staunen

1 Lies das Elfchen und überprüfe, ob die Anleitung eingehalten wurde.

Winter

Ich rolle einen Schneeball

Schneemann

Kalte Zeit

Es liegt Schnee

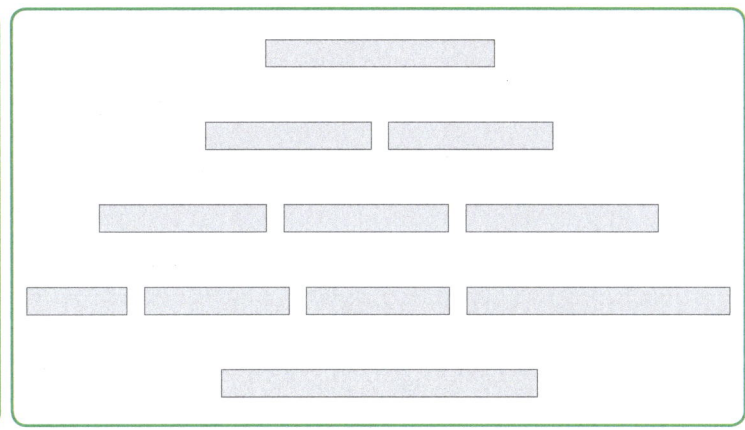

2 Verbessere das Elfchen. Schreibe es richtig in die Zeilen.

3 Überlege dir ein Thema. Schreibe Wörter für ein eigenes Elfchen auf Karten. Verschiebe diese Karten dann solange, bis ein schönes Elfchen entsteht.

4 Schreibe dann dein eigenes Elfchen auf. Du kannst es auch gestalten.

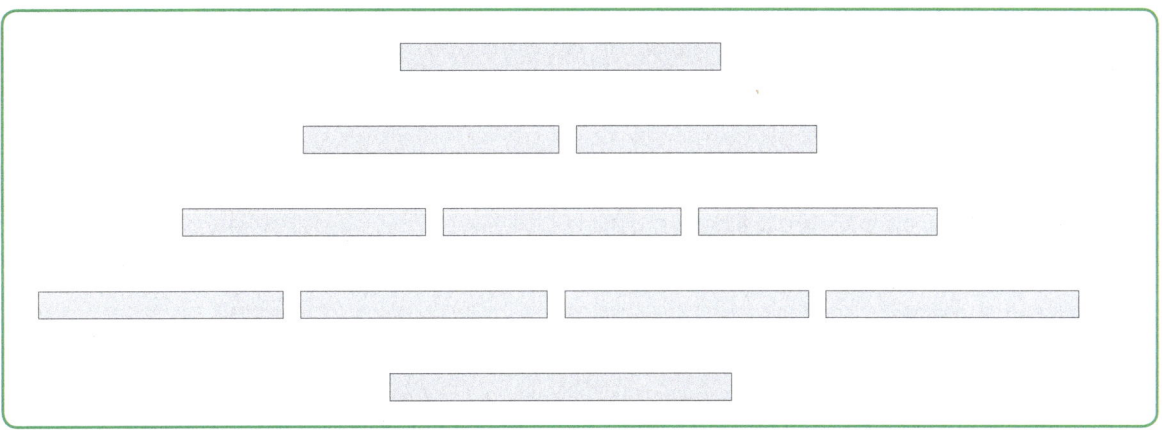

© Bildungshaus Schulbuchverlage

Texte verfassen

▶ Sprachbuch: Seite 60
⤓ Lernsoftware: Nr. 7

Ein Rondell kennenlernen und schreiben

1 Lies das Rondell und vervollständige die Anleitung.

Regen

1 Er fällt vom Himmel.
2 Ich springe in die Pfützen.
3 Die Wolken werden dunkler.
4 Er fällt vom Himmel.
5 Meine Schuhe sind nass.
6 Die Sonne hat sich versteckt.
7 Er fällt vom Himmel.
8 Ich springe in die Pfützen.

Anleitung – Rondell schreiben
Ein Rondell ist ein Gedicht
aus _____ **Zeilen**.
In **jeder** _____ steht **ein Satz**.
In der **1., 4. und** _____ **Zeile** steht
der **gleiche Satz**.
Auch die _____ **und 8. Zeile** sind
immer **gleich**.
In der _____ steht,
worum es geht.

2 Vervollständige das Rondell. Beachte die Anleitung!

Das Unwetter

1 *Es stürmt.*
2 *Die Blätter wehen im Wind.*
3 *Plötzlich*
4 *Es*
5 *Meine Mütze*
6 *Ich*
7
8

3 Schreibe ein eigenes Rondell in dein Heft. Sammle zuerst Überschriften:

Gewitter,

▶ Sprachbuch: Seite 62

Was kann ich nun?

Teste dich selbst. Bearbeite die folgenden Aufgaben.
Schau dann auf Seite 81 nach, ob du sie richtig gelöst hast.
Male in die Kreise: Die Aufgabe war leicht ☺, mittel 😐, schwer ☹.

1 Setze die Wortbausteine so zusammen,
dass zwei gleiche Buchstaben aufeinandertreffen.

weg	sehen		vor	leicht	
aus	gehen		Schiff	rechnen	
ab	raten		Eis	Fahrt	
ver	biegen		viel	Scholle	

2 Bilde zusammengesetzte Nomen (Substantive). Schreibe sie mit Artikel auf.

Segel

Schlauch _____

Küchen _____

3 Überprüfe die Aussagen. Kreuze **stimmt** oder **stimmt nicht** an.

Beim Zusammensetzen von Nomen (Substantiven) …

	stimmt	stimmt nicht
… heißt der zweite Teil Bestimmungswort.		
… richtet sich der Artikel nach dem Grundwort.		
… müssen manchmal Buchstaben eingefügt werden.		
… werden immer Buchstaben weggelassen.		

4 Schreibe die Wortgruppen richtig auf. Achte auf Groß- und Kleinschreibung!

DER KALTE WINTER

DIE DUNKLE WOLKE

DER EISIGE WIND

DIE WARMEN SCHUHE

▶ Sprachbuch: Seite 65

39

Was kann ich nun?

Wörter mit ä und äu ableiten

Merksatz

Wenn du nicht weißt, wie ein Wort geschrieben wird,
überlege, ob du ein **verwandtes** Wort kennst:
die Wälder – der Wald, er fängt – fangen, härter – hart,
die Bäume – der Baum, sie läuft – laufen, häufig – der Haufen.

1 Welche Bildwörter mit **a** und **au** entdeckst du?

2 Schreibe die Bildwörter in der Einzahl und der Mehrzahl mit Artikel auf.
Du kannst ein Wörterverzeichnis nutzen: *das Haus – die Häuser, ...*

3 Schreibe die Verben in einer gebeugten Form mit **er** auf.

> ~~lassen~~   laufen   wachsen   fahren   fangen   schlafen
> saufen   fallen   graben   halten   anfangen

er lässt,

4 Setze **ä** oder **e** ein.

der J___ger   ___ndlich   w___hlen   ferns___hen   qu___len
aufw___cken   gef___hrlich   ern___hren   das Gesch___ft   die B___rge

5 Schreibe nur die Wörter, die mit **ä** geschrieben werden,
mit einem verwandten Wort in dein Heft: *der Jäger – jagen, ...*

40

Wörter mit ck und tz schreiben

Merksatz

Nach einem **kurzen Selbstlaut** (Vokal) schreibt man **ck** oder **tz**.
Wörter mit **ck** werden genauso getrennt wie Wörter mit **ch**:
ba-cken wie ma-chen, Stri-cke wie Stri-che.
Wörter mit **tz** werden zwischen dem **t** und dem **z** getrennt:
sit-zen, Sät-ze.

1 Schreibe die Reimwörter mit Trennstrichen auf:

Flo-cken	Rö-cke	De-cken	Za-cken	Rü-cken
S	St	Schne	J	L
L	Bl	r	b	b

2 Schreibe die Paare mit Trennstrichen auf:
schmut-zig, ver-schmut-zen, …

schmutzig   trotzig   spritzen   Blitze   Nutzung
Spritze   trotzen   verschmutzen   nützen   blitzen

3 Setze die Verben in gebeugter Form in den Text ein.

drücken   kratzen   flitzen   backen   sitzen   schicken   aufwecken

Der König _____ auf seinem Thron.

Die Erbse zwischen den Matratzen _____ die Prinzessin.

Der kleine Muck _____ los.

Die Brote _____ im Ofen. Die Katze _____ am Tor.

Die Königin _____ den Jäger in den Wald.

Der Kuss des Prinzen _____ die Prinzessin _____.

Richtig schreiben

Wörter mit ng und nk schreiben

Richtig schreiben

Merksatz

Am **Wortende** kann man oft nicht deutlich hören, ob **ng** oder **nk** geschrieben wird. Wenn du aber das Wort verlängerst, kannst du den Unterschied deutlich hören: *Bank – Bänke, jung – jünger.*

1 Schreibe Reimpaare auf: *er schenkt – er lenkt, ...*

er schenkt   der Gang   die Zange   er zwingt   du singst
der Ring   sie sinkt   die Schlange   er schlingt   er lenkt
du bringst   sie trinkt   der Hang   das Ding

2 Unterstreiche die Verben von Aufgabe 1 und schreibe sie in der Grundform auf. Unterstreiche **ng** und **nk**.

schenken,

3 Vervollständige die Tabelle.

Grundstufe	Mehrstufe	Meiststufe
eng		
	flinker	
		am jüngsten
lang		

4 Setze **ng** oder **nk** richtig ein. Schreibe die Sätze in dein Heft.

Die sieben ju____en Geißlein waren allein im Haus.
Als der Wolf kam, spra____ eines fli____ in den Schra____.
Die Mutter fand nur das jü____ste Geißlein
im e____en Uhrenkasten.

42

Verben erkennen und verwenden

Merksatz

In jedem Satz gibt es mindestens ein Wort, das sagt, was **jemand tut** oder was **passiert**. Solche Wörter nennt man **Verben**: *lesen, regnen.*

1 Unterstreiche die Verben in den Sätzen. Schreibe die Grundform auf.

Der Wolf <u>frisst</u> sechs Geißlein. *fressen*

Frau Holle belohnt das fleißige Mädchen.

Die Königstochter verkauft Töpfe auf dem Markt.

Schläft Dornröschen hundert Jahre lang?

Aschenputtel ist traurig.

Merksatz

Es gibt auch Verben, die aus mehreren **Wortbausteinen** bestehen: *vorlesen, abschreiben.*
Im Satz schiebt sich dann oft der erste Wortbaustein an das Satzende:
Die Lehrerin <u>liest</u> eine Geschichte <u>vor</u>. Die Kinder <u>schreiben</u> einen Satz <u>ab</u>.

2 Markiere die 5 Verben im Suchsel. Schreibe sie auf.

A	B	C	D	T	E	E	N	M	S	O
B	E	A	N	T	W	O	R	T	E	N
C	B	E	R	I	C	H	T	E	N	M
D	Q	Ü	P	N	E	N	N	E	N	O
E	V	O	R	S	T	E	L	L	E	N
F	H	A	B	E	N	O	D	D	I	P

3 Setze die Verben aus dem Suchsel in der gebeugten Form ein.

Heute _____ jeder sein Lieblingsbuch _____.

Zuerst _____ ich den Titel und den Autor.

Danach _____ ich etwas über den Inhalt des Buches.

Wenn jemand Fragen _____, _____ ich diese.

▶ Sprachbuch: Seite 75, 76
⬇ Lernsoftware: Nr. 40

Sprache untersuchen

Zeitformen unterscheiden: Präsens und Präteritum

Verben werden in **verschiedenen Zeitformen** verwendet.
Das **Präteritum** verwenden wir meist, wenn wir etwas schreiben,
was **vergangen** ist: *Die Kinder gingen in den Wald.*
Das **Präsens** verwenden wir, wenn wir etwas über die **Gegenwart**
aussagen: *Die Kinder gehen in den Wald.*

1 Setze die Verben in den passenden Zeitformen in die Texte ein.

> benutzen – benutzten   verschreibt – verschrieb   lässt – ließ
> verschickt – verschickte   dauert – dauerte   ankommen – ankamen

Schreiben früher

Früher _____ die Menschen zum Schreiben Feder und Tinte. Wenn

man sich _____, musste man es durchstreichen. Es _____ sich

nämlich nicht mehr löschen. Nachrichten _____ man früher mit

der Postkutsche. Es _____ oft Wochen, bis sie _____.

Schreiben heute

Heute _____ die meisten Menschen zum Schreiben den Computer.

Wenn man sich _____, hat man es leicht: Durch ein Antippen

_____ es sich löschen. Nachrichten _____ man heute über

das Internet. Es _____ nur Sekunden, bis sie _____.

2 Ordne die Verben nach den Zeitformen in die Tabelle ein.

> ~~sie schließt~~ sie bringt sie zog sie schloss sie zieht sie brachte

Präsens	Präteritum
sie schließt	

3 Schreibe Sätze mit den Verben von Aufgabe 2 in dein Heft.

▶ Sprachbuch: Seite 77
⬇ Lernsoftware: Nr. 41

Wer oder was in Märchen vorkommt 1

1 Ordne die Märchenwörter richtig zu.

> Schatz   Wiese   Zwerg   Mutter   Flasche   Frosch   Wolf   sieben
> Hexe   Wald   Schäfer   Königin   zwölf   Fuchs   Riese   Silbertaler
> Jäger   Brunnen   Müller   Teich   Prinzessin   Spindel   dreizehn   Kröte

Wer oder was in Märchen alles vorkommt

Märchenwesen: *Zwerg,*

Personen und Berufe: *Königin, Schäfer,*

Tiere: *Frosch,*

Orte: *Wiese*

Gegenstände: *Flasche*

Zahlen: *sieben,*

2 Suche dir zwölf Märchenwörter aus und
stelle sie zu einem Gedankenschwarm zusammen.

Prinz

Märchen

3 Schreibe mit den Wörtern aus dem Gedankenschwarm
ein eigenes Märchen in dein Heft.

▶ Sprachbuch: Seite 78-80

45

Texte verfassen

Wer oder was in Märchen vorkommt 2

⋄ **1** Lies das Märchen.
Setze in die Lücken die passenden Märchenwörter ein.

Prinz	Angst	Zwerg	armes Mädchen	Baum

Mitleid   drei Aufgaben   Raubvogel   Freude   Falle

Rosenschön

Es war einmal ein _____,
das Rosenschön hieß. Sie konnte nicht sprechen. Aber wenn sie sang,
verstummten alle Vögel, damit sie besser zuhören konnten.

Eines Tages hörte ein _____ den liebreizenden Gesang.

Er wollte sehen, wer da singt. Da begegnete ihm ein _____.
Das Männlein sprach: „Wenn du das Mädchen Rosenschön sehen willst,

musst du _____ erfüllen." Er flüsterte ihm ins Ohr:
„Fühle Mitleid, Angst und Freude." Der Prinz war verwirrt und ratlos,
aber er machte sich auf die Suche.

Da sah er einen verzweifelten Vogel in einer _____.

Der Prinz hatte _____ und wollte ihn befreien.

Plötzlich kam ein riesiger _____ mit seinem messerscharfen
Schnabel auf ihn zugeflogen.

Der Prinz zitterte vor _____ am ganzen Leib.
Er befreite den kleinen Vogel aus der Falle und sprang

hinter einen mächtigen _____.
Der Vogel sang erleichtert sein schönstes Lied.

Der Prinz hörte zu und jubelte vor _____.
Da spürte er eine Hand auf seiner Schulter und ...

_____

_____

⋄ **2** Überlege dir ein Ende für dieses Märchen und schreibe es auf.

▶ Sprachbuch: Seite 78-80

Texte verfassen

Was kann ich nun?

Teste dich selbst. Bearbeite die folgenden Aufgaben.
Schau dann auf Seite 82 nach, ob du sie richtig gelöst hast.
Male in die Kreise: Die Aufgabe war leicht ☺, mittel ☺, schwer ☹.

1 Setze **ä/e** oder **äu/eu** richtig ein.

○

Der J___ger l___sst Schneewittchen im Wald zurück.
Es l___ft über sieben B___rge zum H___schen der sieben Zw___rge.
Die fr___ndlichen Zwerge n___hmen das M___dchen bei sich auf.

2 Schreibe die Bildwörter mit Trennstrichen auf.

○

   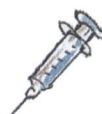  

3 Schreibe nur die Verben mit Trennstrichen auf.

○

| backen | dick | bücken | wecken | dreckig |
| spitz | blitzen | kratzen | sitzen | witzig |

4 Setze **ng** oder **nk** ein.

○

Sie si___t ein Lied. Der A___er si___t auf den Meeresboden.
Die Schla___e schlä___elt sich durch den Sand.

5 Setze die passenden Verbformen im Präteritum ein.

○

Ein Frosch _____ die goldene Kugel aus dem Brunnen   `holen`

und _____ sie der Prinzessin.   `bringen`

Schneewittchen _____ einen vergifteten Apfel.   `essen`

Dornröschen _____ hundert Jahre. Der gestiefelte Kater   `schlafen`

_____ den bösen Zauberer _____.   `hereinlegen`

▶ Sprachbuch: Seite 83

Was kann ich nun?

Wörter mit i und ih merken

> **Merksatz**
>
> In einigen Wörtern wird das **lange i** nicht mit **ie**,
> sondern nur mit **i** oder **ih** geschrieben: *dir, ihr, mir, ihnen, gibt.*
> Diese Wörter musst du dir merken.

1 Markiere im Suchsel die Wörter mit **i**.

W	T	Z	G	A	R	D	I	N	E	X	M
P	R	A	A	P	F	E	L	S	I	N	E
M	R	P	R	A	L	I	N	E	A	M	Z
K	O	N	D	I	T	O	R	K	Y	X	Q
M	U	S	I	K	Q	L	A	W	I	N	E
C	B	I	R	O	S	I	N	E	N	T	L

2 Löse die Rätsel. Die Wörter aus dem Suchsel helfen dir.

Dieser Bäcker verziert Torten: *Konditor*

Sie ist saftig und wird auch Orange genannt:

So nennt man getrocknete Weintrauben:

Sie wird in den Bergen sehr gefürchtet:

Sie hängt vor einem Fenster:

Ein besondere Kleinigkeit aus Schokolade:

Sie hören alle gern:

3 i oder ih? Setze die Wörter vom Rand beim Abschreiben in die Lücken ein.

Letzte Woche suchte unsere Lehrerin [   ] Schlüssel.

Alle Kinder halfen [   ] bei der Suche.

Sogar im Lehrerzimmer durften [   ] suchen helfen.

Plötzlich fiel [   ] ein, wo der Schlüssel sein könnte.

„Haben Sie schon in [   ] Auto gesucht?", fragte ich unsere Lehrerin.

> ihren
>
> ihr
>
> ihrem
>
> wir
>
> mir

48

▶ Sprachbuch: Seite 90

Zeichen der wörtlichen Rede setzen 1

Meist steht vor dem Redesatz ein **Begleitsatz**
mit Doppelpunkt: *Simon ruft: „..."*
Dann folgt der **Redesatz.**
Er steht immer in „**Anführungszeichen**" (Redezeichen).
Punkt, Frage- und **Ausrufezeichen** gehören zum **Redesatz**:
„Gib mir auch mal den Ball!"

1 Lies den Text.

Zweifelderball

Die Kinder spielen Zweifelderball.

Simon ruft: „Gib mir auch mal den Ball!"

Niklas sagt☐ ☐Ich kann besser treffen.☐

Niklas trifft Jakob tatsächlich.

Er schreit☐ ☐Ich habe ihn getroffen!☐

Jakob protestiert☐ ☐Der Ball hat mich überhaupt nicht berührt!☐

Lara sagt☐ ☐Ich habe es gesehen. Der Ball hat dich gestreift.☐

2 Unterstreiche zuerst in den Sätzen, was jemand sagt.

3 Setze die Doppelpunkte und Anführungszeichen.

4 Unterstreiche die Begleitsätze.

Und so geht die Geschichte weiter:

Frau Meier ist Schiedsrichterin.

Sie sagt☐ ☐Jakob, du musst raus. Niklas hat dich abgeworfen.☐

Jakob meckert☐ ☐Das ist ungerecht!☐

Dann geht er doch.

Die Lehrerin sagt☐ ☐Es muss gerecht zugehen!☐

5 Setze die Doppelpunkte und Anführungszeichen.

Sprache untersuchen

▶ Sprachbuch: Seite 91
⬇ Lernsoftware: Nr. 45

Zeichen der wörtlichen Rede setzen 2

Merksatz

> Punkt, Frage- und Ausrufezeichen sind Satzschlusszeichen.
> Sie gehören zum Redesatz.
> Die Anführungszeichen stehen immer **hinter** dem Satzschlusszeichen:
> *Er sagt: „Passt auf!"*

1 Setze alle Zeichen der wörtlichen Rede.
Setze die Anführungszeichen und die Satzschlusszeichen ein.

Jetzt wird es spannend:

Dann bekommt Niklas den Ball zugeworfen.

Er sagt ☐ ☐Passt auf, was ich jetzt mache☐☐

Dann wirft er den Ball direkt in die Arme von Paula.

Paula ruft ☐ ☐Ich hab ihn☐☐

Niklas sagt ☐ ☐Schade☐ Ich wollte dich doch abwerfen☐☐

Doch die lacht ☐ ☐Ich habe ihn aber gefangen☐☐

Und dann schmettert sie den Ball Niklas gegen die Beine.

Der ruft ☐ ☐Aua☐☐

2 Hier fehlen nun alle Zeichen der wörtlichen Rede: die Doppelpunkte,
die Punkte, die Ausrufezeichen, die Fragezeichen und auch
die Anführungszeichen. Setze alle Zeichen richtig ein.
Am besten ist es, wenn du hier erst unterstreichst, was einer sagt.

Das Ende des Spiels:

Paula lacht   Siehst du, das hast du davon

Natürlich muss nun auch Niklas raus.

Aber er ruft noch   Im nächsten Spiel werfe ich dich ab

Aber Paula lacht nur und antwortet

Da musst du aber aufpassen, dass ich den Ball nicht wieder fange

Zum Schluss hat Paulas Mannschaft gewonnen.

3 Lest in verteilten Rollen.

Sprache untersuchen

© Bildungshaus Schulbuchverlage

50

Satzglieder umstellen – Texte verbessern

Teile des Satzes, die man bei einer **Umstellprobe** an den Satzanfang **umstellen** kann, heißen **Satzglieder**. Satzglieder können aus einem **einzelnen Wort** oder aus **mehreren Wörtern** bestehen.

1 Stelle die Satzglieder in den Kästen an den Satzanfang. Manchmal musst du selbst überlegen, welches Satzglied am Anfang besser passt. Es gibt dann mehrere Möglichkeiten. Umstellproben können dir helfen, den Text zu verbessern.

Kletterei

Ich bin einmal auf einen Baum geklettert.

Ich kletterte mutig fast bis in die Spitze hinauf.

Ich konnte von dort aus über den ganzen Hof schauen.

Ich wollte bald   aber doch wieder hinunter.

Ich fand das Hochklettern leichter als runterzukommen.

Ich bekam jedenfalls   auf einmal schreckliche Angst.

Ich schrie laut um Hilfe.

Mein Vater kam am Ende und hat mich runtergeholt.

Sprache untersuchen

Einen Brief schreiben

Merksatz

Wenn du einen Brief schreibst, denke an folgende Dinge:
- Anrede: *Liebe ..., Lieber ..., Hallo ..., Guten Tag ...,*
  Sehr geehrte ..., ...
- Gruß: *Herzliche Grüße, Mit freundlichen Grüßen, Viele Grüße, ...*
- Anredefürwörter *(Sie, Ihnen, Ihr, ...)* werden großgeschrieben.

1 Neulich war Herr Strack in der Klasse 3a und hat den Kindern
etwas über seinen Beruf als Lokführer erzählt.
Nun bedankt sich jedes Kind bei Herrn Strack mit einem Brief.
Überlege dir eine Anrede und einen passenden Gruß.

Am besten hat mir
gefallen: ...

Jetzt weiß ich
endlich, ...

_____ , _____ (mein Wohnort) (Datum)

_____ (Anrede)

letzte Woche haben Sie uns in der Klasse

besucht.

_____

_____

_____

_____

_____ (Gruß)

_____ (Unterschrift)

▶ Sprachbuch: Seite 94

Was kann ich nun?

Teste dich selbst. Bearbeite die folgenden Aufgaben.
Schau dann auf Seite 84 nach, ob du sie richtig gelöst hast.
Male in die Kreise: Die Aufgabe war leicht ☺, mittel ☺, schwer ☹.

1 Setze richtig **i** oder **ih** ein.

Laura hört gern Mus___k. ___r gefallen fröhliche Lieder.

Der Kond___tor verziert eine Torte. Ein Praktikant hilft ___m dabei.

Mein Bruder isst gern Apfels___nen. M___r schmecken Mandar___nen besser.

2 Hier fehlen alle Zeichen der wörtlichen Rede.
Setze die Doppelpunkte, die Satzschlusszeichen
und die Anführungszeichen ein.

> **Tipp**
>
> Unterstreiche zuerst,
> was jemand sagt.

Der Zugbegleiter sagt   Die Fahrkarten bitte

Tino fragt den Vater   Hast du die Karten eingesteckt

Der Vater antwortet   Nein, ich dachte, das hast du getan

Die Mutter meint   Gut, dass ich sie dabei habe

3 Bilde mit diesen Satzgliedern drei unterschiedliche Sätze.
Bilde auch einen Fragesatz.

mit dem Riesenrad   in den Ferien

fuhren   oft   die Kinder

Was kann ich nun?

© Bildungshaus Schulbuchverlage

Wörter mit ss und ß unterscheiden 1

Auf einen **kurzen Selbstlaut** (Vokal) folgt **ss**:
Tasse, Schlüssel, vergessen.
Auf einen **langen Selbstlaut** (Vokal) oder auf einen **Zwielaut**
(**au, äu, ei, eu, ie**) folgt **ß**: *Straße, schließen, vergaß.*

1 Sprich die Wörter deutlich.
Setze unter die langen Selbstlaute
und die Zwielaute einen Strich,
unter die kurzen Selbstlaute einen Punkt.

| Nüsse | Straße | Kissen | Flüsse | besser | Schlüssel |
| außen | Späße | fleißig | Süßigkeiten | Flüssigkeit | äußerlich |

2 Schreibe die Wörter geordnet mit Trennstrichen auf.

Wörter mit ss

Nüs-se,

Wörter mit ß

Stra-ße,

3 Bilde Reimwörter. Schreibe die Wörter auf.

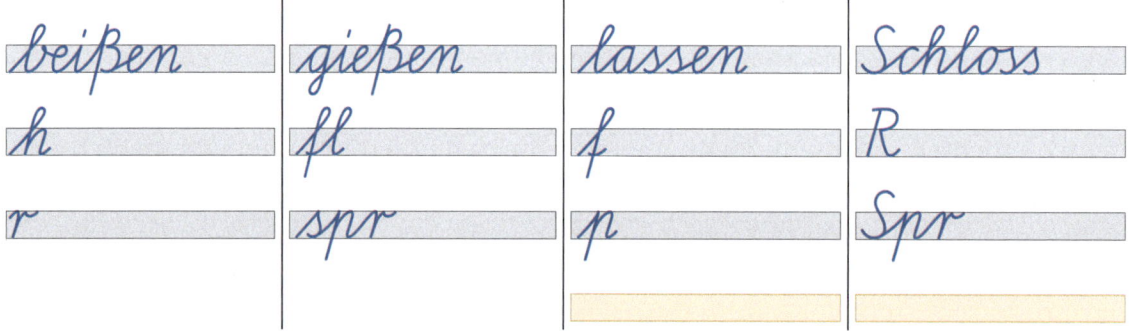

beißen	*gießen*	*lassen*	*Schloss*
h	*fl*	*f*	*R*
r	*spr*	*p*	*Spr*

4 Schreibe mit den Reimwörtern kleine Verse oder Gedichte in dein Heft.

Richtig schreiben

54

Wörter mit ss und ß unterscheiden 2

○ **1** Sprich die Wörter deutlich aus. Achte auf den Selbstlaut!

◇ **2** Ordne die Bildwörter in eine Tabelle ein.

Wörter mit ss	Wörter mit ß

●

◇ **3** Markiere im Suchsel die 6 Wörter mit **ss** oder **ß**.
Schreibe die Wörter geordnet auf. Achte auf die Groß- und Kleinschreibung!

a	s	w	e	r	m	o	x	i
s	c	h	l	i	e	ß	e	n
z	h	ö	q	r	i	p	w	b
v	l	ä	b	o	g	e	o	s
c	ö	r	g	i	e	ß	e	n
l	s	v	p	w	s	r	i	c
t	s	z	p	a	s	s	e	n
w	e	i	ß	u	e	k	x	p
r	r	u	z	j	n	p	l	y

Wörter mit ss:

Wörter mit ß:

●

◇ **4** Schreibe die richtigen Verbformen auf.

essen: *er*   müssen: *du*

grüßen: *ihr*   heißen: *es*

beißen: *er*   schließen: *ich*

messen: *du*   gießen: *ich*

vergessen: *du*   lassen: *du*

passen: *es*   stoßen: *es*

▶ Sprachbuch: Seite 106
⤓ Lernsoftware: Nr. 14

Richtig schreiben

Subjekt und Prädikat kennenlernen: das Subjekt

> **Merksatz**
>
> Sätze haben ein **Subjekt** und ein **Prädikat**.
> Das **Subjekt** sagt aus, **wer** etwas tut oder **was** geschieht.
> Man kann das Subjekt erfragen: *Wer tut etwas? Was geschieht?*
> Das Subjekt besteht aus einem oder <u>mehreren Wörtern</u>.
> <u>*Der Bauer*</u> *erntet.* <u>*Das volle Glas*</u> *fällt um.*

1 Lies die Sätze und schreibe die Frage nach dem Subjekt auf.

Jedes Kind putzt sich regelmäßig die Zähne.

Frage: *Wer putzt* ...

Eine Zahnbürste hilft uns dabei.

Frage:

Unsere Zähne sollen lange halten.

Frage:

In unsere Schule kommt jedes Jahr der Zahnarzt.

Frage:

Er kontrolliert ganz genau unsere Zähne.

Frage:

2 Unterstreiche in jedem Satz das Subjekt einmal.

3 Lies die Sätze.

Tina isst am liebsten Obst.

Besonders gesund ist der Apfel.

Er enthält viele Vitamine.

Im Garten steht ein Apfelbaum.

Oma erntet die Äpfel im Herbst.

Wer isst am liebsten Obst?

4 Erfrage das Subjekt und unterstreiche es.

▶ Sprachbuch: Seite 107
⬇ Lernsoftware: Nr. 49

Subjekt und Prädikat kennenlernen: das Prädikat

Merksatz

Sätze haben ein **Subjekt** und ein **Prädikat**.
Das **Prädikat** sagt aus, was **jemand tut** oder was **geschieht**.
Man kann das Prädikat erfragen: *Was **tut** jemand? Was **geschieht**?*
Das Prädikat besteht aus einem oder mehreren Wörtern.
Der Bauer erntet. Das Glas fällt um.

1 Lies die Sätze.

Opa backt einen Kuchen. Er misst die Zutaten ab.

Danach gibt er alles in eine Schüssel. Opa verrührt den Teig.

Er streicht ihn auf das Backblech.

Nun belegt Opa den Teig mit Äpfeln.

Er schiebt das Blech in den Backofen.

Nach vierzig Minuten klingelt der Wecker.

Nun nimmt Opa den fertigen Kuchen aus dem Ofen.

2 Unterstreiche im Text doppelt, was jemand tut oder was geschieht.

3 Setze die Prädikate ein.

Die Großeltern _____ viele Äpfel.

Oma _____ Apfelmus.

Lena und Opa _____ ihr dabei.

Opa _____ die Äpfel.

Er _____ das Kerngehäuse.

Oma und Lena _____ die Äpfel in einen Topf.

Lena _____ die Äpfel _____ .

Die weich gekochten Äpfel _____ Oma durch ein Sieb.

Zum Schluss _____ Zucker in das Mus.

Das Apfelmus _____ allen gut.

> schält kocht ernten
> helfen entfernt geben
> schmeckt streicht
> rührt um kommt

Subjekt und Prädikat unterscheiden

In jedem Satz gibt es ein **Subjekt** und ein **Prädikat**.
Das **Subjekt** sagt, *wer* etwas tut:
(Wer?) <u>Unsere Familie</u> frühstückt am Sonntag gemeinsam.
Das **Prädikat** sagt, was jemand **tut** oder was **geschieht**.
Unsere Familie <u>frühstückt</u> am Sonntag gemeinsam.

1 Schau dir die Bilder an. Schreibe auf, wer etwas tut.

<u>*Das Mädchen*</u> *stellt die Teller auf den Tisch.*

2 Erfrage das Subjekt und unterstreiche es einmal.

3 Unterstreiche in den Sätzen das Subjekt einmal und das Prädikat zweimal.
Das Subjekt besteht manchmal aus einem Wort,
manchmal aus mehreren Wörtern.

<u>Unsere Familie</u> frühstückt am Sonntag gemeinsam.

Wir sitzen alle am Tisch. Mutter schneidet die Brötchen auf.

Vater kocht Tee und Kakao. Meine Schwester Sophie bereitet sich

ein Müsli zu. Frisches Obst steht auch auf dem Tisch.

Das Frühstück schmeckt allen gut.

▶ Sprachbuch: Seite 108
⬇ Lernsoftware: Nr. 47

Einen Vorgang beschreiben 1

◇ **1** Schaut euch die beiden Bilder an und lest den Text.

Mais
Radieschenscheiben
Tomatenstückchen
Gurkenscheiben
Salatblätter
Mais
Oliven
Zitronensaft
Olivenöl
Salz und Pfeffer

Gemüsesalat von Niklas

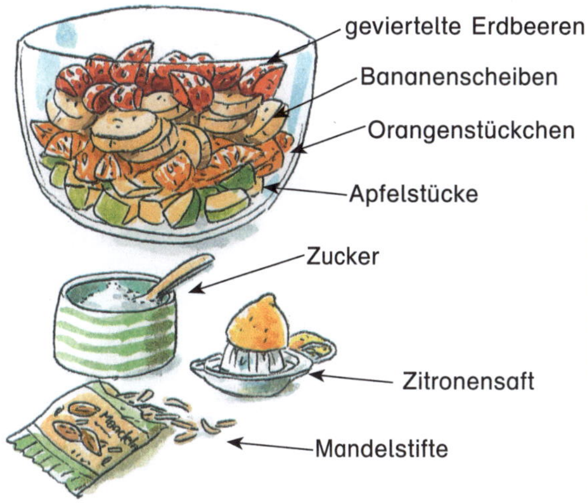
geviertelte Erdbeeren
Bananenscheiben
Orangenstückchen
Apfelstücke
Zucker
Zitronensaft
Mandelstifte

Obstsalat von Annika

„Zuerst wasche ich die frischen Zutaten ab. Danach zupfe ich die Salatblätter in kleine Stücke. Dann schneide ich die Gurke und die Radieschen in dünne Scheiben. Nun zerteile ich die Tomate in kleine Stücke. Das zerkleinerte Gemüse und den Mais aus der Dose gebe ich in eine Schüssel. Anschließend gieße ich etwas Olivenöl und Zitronensaft über das Gemüse. Danach würze ich den Salat mit Salz und Pfeffer. Zum Schluss rühre ich alles mit einem großen Löffel um."

◇ **2** Wer hat seinen Salat beschrieben? ______

◇◇ **3** Sieh dir nun das andere Bild genau an. Schreibe dazu eine Anleitung auf.

Zuerst wasche ich ______

______

______

______

______

______

______

◇◇◇ **4** Hast du auch schon einmal einen Salat zubereitet? Schreibe in dein Heft, wie du es gemacht hast.

Texte verfassen

▸ Sprachbuch: Seite 109
⤓ Lernsoftware: Nr. 6, 56

© Bildungshaus Schulbuchverlage

Einen Vorgang beschreiben 2

1 Schau dir die Bilder genau an.
Beschreibe, wie man Kresse aussäen
und ernten kann.
Die Wörter im Kasten helfen dir dabei.

- Plastikschälchen mit Watte oder
  Papiertaschentuch auslegen
- Kresse aussäen
- Saat anfeuchten
- täglich prüfen,
  ob Saat noch feucht ist
- Kresse mit einer Schere
  abschneiden

*Zuerst lege ich ein Plastik-
schälchen mit Watte oder
einem Papiertaschentuch
aus.*

Texte verfassen

▶ Sprachbuch: Seite 109

Was kann ich nun?

Teste dich selbst. Bearbeite die folgenden Aufgaben.
Schau dann auf Seite 85 nach, ob du sie richtig gelöst hast.
Male in die Kreise: Die Aufgabe war leicht ☺, mittel 😐, schwer ☹.

1 ss oder ß? Schreibe die Wörter richtig auf.

Schlü‗el   flei‗ig   grü‗en   Flü‗e
Spä‗e   Nü‗e   be‗er   au‗en

2 Lies die Sätze deutlich. In jedem Satz hat sich ein Fehler versteckt.
Streiche die falsch geschriebenen Wörter durch. Schreibe den Text richtig auf.

Mein Bruder mag keine Süssigkeiten.

Er ißt lieber Müsli mit Nüssen.

In meine Tasse giesse ich frische Milch.

3 Unterstreiche in jedem Satz das <u>Subjekt</u> einmal und
das <u>Prädikat</u> zweimal.

Frau Meier gießt im Garten das Gemüse.

Heute erntet die fleißige Frau viele Möhren.

Daraus bereitet sie eine gute Suppe zu.

4 Schreibe eine Frage nach dem Subjekt von Aufgabe 3 auf.

▸ Sprachbuch: Seite 111

Was kann ich nun?

Informationen entnehmen

Die Biene (*Apis mellifera*)

Die Bienen gehören zu den Insekten. Es gibt sie auf der ganzen Welt.
Sie sind sehr nützliche Tiere. Ein Bienenvolk besteht aus 40 000 bis 80 000
Tieren. In einem Volk gibt es verschiedene Bienen: Arbeiterinnen, Drohnen
und eine Bienenkönigin. Drohnen sind die männlichen Tiere.
Sie besitzen keinen Stachel. Die Arbeiterinnen bauen die Waben
des Bienenstocks und bewachen diesen. Sie versorgen auch
den Nachwuchs und sammeln Nektar, aus dem Honig entsteht.
Pro Tag kann ein Bienenvolk bis zu einem Kilogramm Honig produzieren.
Mit ihrem Stachel verteidigen sich die Bienen gegen ihre Feinde.

Der Körperbau der Biene

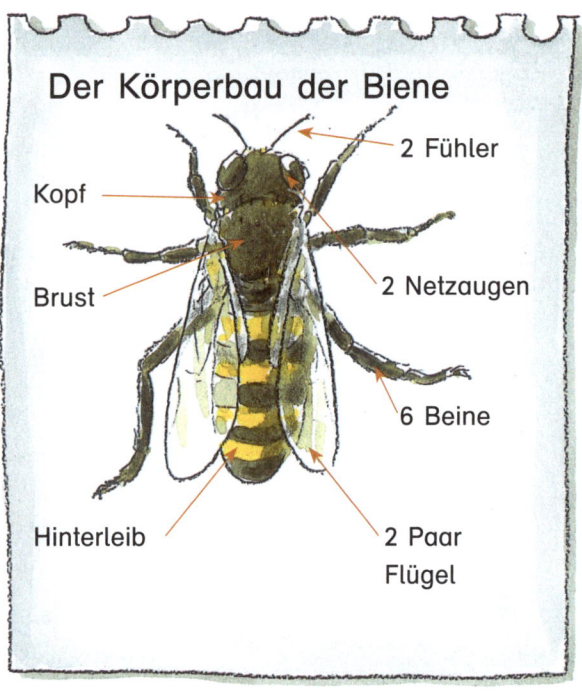

Kopf

Brust

Hinterleib

2 Fühler

2 Netzaugen

6 Beine

2 Paar Flügel

Die Bienenkönigin

In jedem Bienenstock gibt es nur
eine Königin. Ihre Körpergröße
beträgt etwa 19 mm. Sie ist
das einzige fruchtbare Weibchen
in einem Bienenvolk. Im Frühling
legt sie täglich bis zu 1500 Eier.
Manche Eier legt sie in besondere
Waben. Aus diesen werden wieder
neue Königinnen.
Die Bienenkönigin sammelt
keinen Honig.

◌ **1** Lies die Sachtexte und betrachte die Zeichnung der Biene.

◌ **2** Lies folgende Fragen. Markiere die Antworten in den Texten über die Biene.

    a. Wie viele Beine hat eine Biene? ▭

    b. Welche Bienen versorgen den Nachwuchs? ▭

    c. Wieviel Honig wird pro Tag produziert? ▭

◌ **3** Schreibe die Antworten in Stichworten auf.

▶ Sprachbuch: Seite 122, 123
⬇ Lernsoftware: Nr. 52, 55

Einen Vortrag vorbereiten

1 Für einen Kurzvortrag zur Honigbiene benötigst du noch weitere Informationen. Lies die Texte auf Seite 62 noch einmal. Unterstreiche weitere Angaben, die du für einen Vortrag benötigst.

2 Schreibe die unterstrichenen Stichwörter auf folgende Karten.

nur eine Bienenkönigin im Volk

Bienenvolk: 40 000–80 000 Tiere

Lernen lernen

3 In welcher Reihenfolge sollen die Informationen in deinem Vortrag vorkommen? Nummeriere die Karten.

Tipp

Schreibe die Stichwörter auf richtige Karteikarten.

4 Übe mit einem Partner: Halte den Vortrag mit den Stichwortkarten. Sprich in Sätzen.

5 Du kannst deinen Vortrag der Klasse präsentieren.

▶ Sprachbuch: Seite 122, 123

Wörter mit ie schreiben

Merksatz
Die meisten Wörter, in denen du ein **langes und deutliches i** hörst, werden mit **ie** geschrieben: *Biene, niemand, fliegen.*

1 Ordne die Wörter mit **ie** nach dem Alphabet.

niemand	gießen	schwierig	Niete	Kiefer	Hieb	Spiel

2 Markiere die Wortgrenzen.

BEISPIELSCHIEFMIETEFRIERENLIEDTIEFSCHIEBENRIESIGWIEGEN

3 Ordne die Wörter aus der Wörterschlange in die Tabelle ein.
Achte auf die Groß- und Kleinschreibung!

Verben	Adjektive	Nomen (Substantive)

4 Schreibe die Wörter mit Trennstrichen auf.

Flieder	verbieten	Frieden	verlieren	kriegen	zielen
sieben	riechen	wieder	Wiese	Lieder	lieben
riefen	schiefe	viele	tiefe	liefen	

▶ Sprachbuch: Seite 124

Wörter mit Dehnungs-h üben

Für Wörter mit einem langen Selbstlaut (Vokal) gilt:
Nur **vor den Mitlauten** (Konsonanten) **l, m, n, r** kann
ein **Dehnungs-h** stehen: *kühl, Bahn, zahm, bohren.*
Die meisten Wörter mit einem langen Selbstlaut (Vokal)
enthalten aber kein **Dehnungs-h**.

1 Schreibe die Wörter geordnet auf.

ähnlich	Stuhl	Bohrer	zahm	Nahrung	fühlen
ohne	rühren	wählen	nehmen	ihm	ihn
ehrlich	zehn	Rahmen	Fehler		

Wörter mit …

hl: _____

hm: _____

hn: _____

hr: _____

2 Stelle die Wörter zu Wortfamilien zusammen.

wählen	die Lähmung	wohnlich	ernähren	lahm
die Wohnung	die Ernährung	wählerisch	lähmen	
nahrhaft	wohnen	die Wahl		

wählen – wählerisch – …

_____

_____

_____

_____

3 Unterstreiche den Wortstamm.

▸ Sprachbuch: Seite 126
⬇ Lernsoftware: Nr. 23

Richtig schreiben

Zeitformen unterscheiden: Perfekt und Präteritum

Merksatz

> Es gibt zwei **Zeitformen** für die Vergangenheit.
> Das **Präteritum** verwenden wir meist, wenn wir etwas **aufschreiben**,
> was vergangen ist.
> *Die Fliege <u>flog</u> ins Netz, doch sie <u>befreite</u> sich wieder.*
> Das **Perfekt** gebrauchen wir, wenn wir etwas **mündlich erzählen**,
> was vergangen ist.
> *Die Fliege <u>ist</u> ins Netz <u>geflogen</u>, doch sie <u>hat</u> sich wieder <u>befreit</u>.*

1 Dieser Text steht im Perfekt. Unterstreiche die Verben in den Sätzen.

Tierbeobachtung
Der Hund <u>hat</u> im Garten die Katze <u>gejagt</u>.
Die hat sich mit ihrer Tatze gewehrt.
Der Hund hat laut gebellt,
die Katze hat vertraut miaut.
Dann ist sie einen Baum hinaufgeklettert.
Der Hund hat nur noch „schnauf" gemacht.

2 Wenn du die Verben ins Präteritum umformst,
wird ein Gedicht daraus, das sich reimt.
Schreibe es in dein Heft:

Tierbeobachtung
Der Hund jagte im Garten die Katze.
... Tatze.

3 Dieser Text steht im Präteritum.
Wenn du die Verben ins Perfekt umformst, wird ein Gedicht daraus.
Schreibe es in dein Heft.

Die Zitterspinne
Ich ging in den Keller,
da hing eine Spinne.
Wie erschreckte ich mich,
in einer dunklen Ecke steckte sie.
Auch die Spinne bekam einen Schreck
und nahm auf acht Beinen Reißaus.
Am ganzen Leibe zitterte sie,
ihr Netz zerknitterte sie dabei.

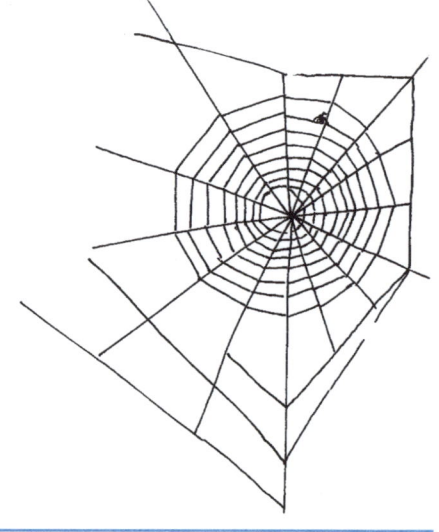

▸ Sprachbuch: Seite 127
⤓ Lernsoftware: Nr. 42

Verben in den Zeitformen üben

1 Schreibe die fehlenden Verbformen in die Zeilen. Sie reimen sich.

lügen, log, hat gelogen → fliegen, *flog* , *ist geflogen*

denken, dachte, hat gedacht → bringen, _____ , _____

biegen, bog, hat gebogen → ziehen, _____ , _____

fließen, floss, ist geflossen → gießen, _____ , _____

gehen, ging, ist gegangen → fangen, _____ , _____

2 Markiere die Verbformen, die zusammengehören, mit der gleichen Farbe.

ich schob	sie ritten	sie hat gefunden	wir haben gemusst
wir mussten	er floss	sie hat genommen	ich bin gewesen
ich war	ihr hattet	sie sind geritten	er ist geflossen
sie fand	sie nahm	ich habe geschoben	ihr habt gehabt

3 Ordne die Verben von Aufgabe 2 in die Tabelle ein.

Grundform	Präteritum	Perfekt
schieben	*ich schob*	*ich habe geschoben*

4 Ergänze die Grundform.

Mit Satzgliedern üben

1 Wie viele Satzglieder haben diese Sätze?
Trenne die Satzglieder mit Strichen voneinander ab.
Nutze dazu die Umstellprobe.

Manche   Tiere   fressen   keine   Körner.

Dafür   lieben   sie   Gras   ganz   besonders.

2 Unterstreiche in jedem Satz das <u>Subjekt</u> einmal,
das <u>Prädikat</u> zweimal.

Die Biene fliegt auf der Wiese von Blüte zu Blüte.

Dabei sammelt sie Nektar und Pollen.

Der Blütenstaub klebt an ihren Beinen fest.

3 Setze das Prädikat in der gebeugten Form ein.

Der Imker _____ die Waben aus dem Bienenkorb.
holen

Frage: _____
Wer oder was …?

Daraus _____ er den Honig.
schleudern

Frage: _____
Wer oder was …?

Dann _____ er den Honig in Gläser _____.
abfüllen

Frage: _____
Wer oder was …?

Honig _____ uns allen gut.
schmecken

Frage: _____
Wer oder was …?

4 Schreibe die Frage nach dem Subjekt zu jedem Satz auf.

5 Unterstreiche in jedem Satz das <u>Subjekt</u> einmal und
das <u>Prädikat</u> zweimal.

▶ Sprachbuch: Seite 129
⬇ Lernsoftware: Nr. 47

Sätze erkennen – Punkte setzen

Einen Satz beendet man mit einem **Satzschlusszeichen:**
Punkt, Ausrufezeichen, Fragezeichen.
Das **erste Wort** in einem neuen Satz schreibt man **groß.**
Dadurch kann man beim Lesen erkennen,
wo ein Satz aufhört und ein neuer Satz beginnt.

1 Lies den Text. Was fällt dir auf?

Meine Tiere

Auf der Weide rennen meine Ponys umher. ich habe

einen Hund und drei Welpen im Käfig

zwitschern Vögel unter dem Laub im Garten

versteckt sich ein Igel in meinem Zimmer

hoppelt ein Kaninchen auf der Gartenbank

sitzt meine Katze im Aquarium schwimmen

zwölf Fische auf dem Fliederbusch

singt eine Amsel.

2 Finde heraus, wo ein Satz zu Ende ist, und setze dort ein Satzschlusszeichen.

3 Berichtige nun jeden Satzanfang, indem du den ersten Buchstaben
des neuen Satzes durchstreichst und den Großbuchstaben darüberschreibst.

4 Lest den Text mit den Satzschlusszeichen nun abwechselnd
zu zweit Satz für Satz.

5 Setze auch hier die Satzschlusszeichen und berichtige die Satzanfänge.

Die Frösche am Gartenteich

quaken laut die Meerschweinchen fiepen

im Heu auf meinem Bett

krabbelt eine Spinne Igittigitt

Sprache untersuchen

Eine Geschichte entwickeln

◇ **1** Sieh dir das Bild genau an.

⦂ **2** Schreibe eine Geschichte in der Ich-Form.
Denke dir, du bist entweder
der Mann, die Maus oder die Katze.
In einer Geschichte müssen
alle drei vorkommen.
So könnten die Geschichten anfangen:

 *Gestern saß ich am Fenster
und schaute hinaus. Plötzlich ...*

 *Ich trottete gemütlich
an der Hauswand entlang.
Auf einmal ...*

 *Eines Tages kam ich
aus dem Wald zurück. Da ...*

▶ Sprachbuch: Seite 130

... und überarbeiten und veröffentlichen

3 Tauscht untereinander die Geschichten aus.
Jeder soll jetzt die Geschichte eines anderen lesen
und dazu Tipps geben, wie ihr sie noch verbessern könnt.
Achtet dabei besonders darauf, ...

> Deine
> Checkliste ✓

- ○ dass die Satzanfänge sich abwechseln.
- ○ dass ihr unterschiedliche Verben und Adjektive verwendet.
- ○ dass die Geschichte anschaulich und spannend ist.
- ○ dass die Überschrift gut zur Geschichte passt.
- ○ dass ihr schwierige Wörter im Wörterbuch nachschlagt.

4 Überarbeite deine Geschichte und schreibe sie noch ein zweites Mal auf.

5 Lest euch eure Geschichten gegenseitig vor.

6 Am Ende sollen immer drei Geschichten
auf ein Geschichten-Plakat geklebt werden:
eine von dem Mann, eine von der Maus, eine von der Katze.
Achtet darauf, welche gut zueinanderpassen!

Texte verfassen

Aus Stichwörtern einen Sachtext schreiben

Stichwörter über den **Siebenpunkt-Marienkäfer**
(Coccinella septempunctata)

runder,
halbkugeliger Körper

roter Rücken mit
7 schwarzen Punkten

legt im Frühjahr
etwa 400 Eier

frisst etwa 50 Blattläuse
am Tag

aus den Eiern
werden Larven

5 bis 8 mm lang

Kopf
und Hals
schwarz

ernährt sich auch
von Schildläusen und
Mehltaupilzen

stellt sich bei
Gefahr tot

2 kleine,
schwarze Fühler

sondert bei Gefahr
gelbe, stinkende
Flüssigkeit ab

Larven verpuppen sich
und schlüpfen nach
einigen Tagen

Larve: lang gestreckt,
hat hellgelbe Flecken

1 Male die Stichwortzettel, die inhaltlich zusammengehören in der gleichen
Farbe an: Aussehen, Ernährung, Verhalten, Fortpflanzung.

2 Ordne die Stichwörter so in dein Heft.

Aussehen	Ernährung	Verhalten	Fortpflanzung
runder,	frisst	...	...
halb-	etwa 50 ...		
kugeliger			
Körper			

3 Schreibe nun in dein Heft einen Sachtext über den Siebenpunkt-
Marienkäfer. Beachte dabei deine Tabelle!

▶ Sprachbuch: Seite 116

Texte verfassen

Was kann ich nun?

Teste dich selbst. Bearbeite die folgenden Aufgaben.
Schau dann auf Seite 87 nach, ob du sie richtig gelöst hast.
Male in die Kreise: Die Aufgabe war leicht ☺, mittel ☺, schwer ☹.

1 Kreuze an, wie der Satz richtig enden muss.
In Wörtern, die mit **ie** geschrieben werden, ◯ klingt das **i** lang.
◯ klingt das **i** kurz.

2 Schreibe die Wörter zu diesen Bildern.

die _____kanne   das Karten_____

das _____buch   die Honig_____

3 Vervollständige den Lückentext.

Der Buntspecht _____ HONTW in Parks und in Wäldern.

Er sucht seine _____ AGHNNRU unter der Baumrinde.

Seine lange, klebrige Zunge hilft _____ HIM dabei,

die Insekten unter der Rinde herauszuholen.

4 Unterstreiche in jedem Satz das Subjekt einmal
und das Prädikat zweimal.

Das Rotkehlchen baut in der Baumhöhle sein Nest.

Dazu sammelt es Gras und Blätter.

5 Schreibe die Sätze von Aufgabe 4 im Präteritum
und im Perfekt in dein Heft.

6 Finde im Text im Kasten heraus, wo ein Satz zu Ende ist,
und setze dort die Punkte.

7 Berichtige nun jeden Satzanfang,
indem du den ersten Buchstaben
des neuen Satzes durchstreichst
und den Großbuchstaben
darüberschreibst.

> Die Fische schwimmen
> im Gartenteich die Libellen
> fliegen auf meinem Gartenstuhl
> sitzt ein Schmetterling.

Was kann ich nun?

Lösungen

Mit dem Wörterbuch arbeiten

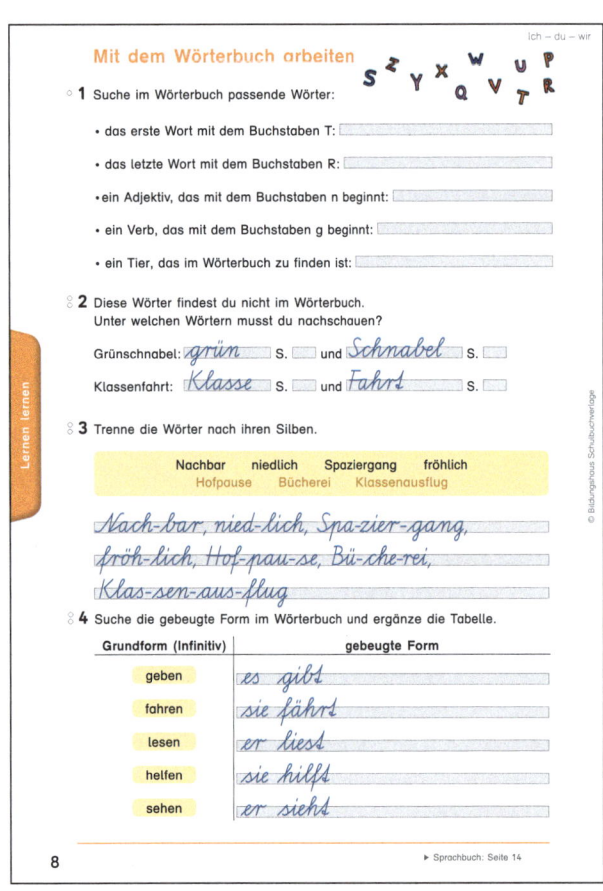

1 Suche im Wörterbuch passende Wörter:

- das erste Wort mit dem Buchstaben T:
- das letzte Wort mit dem Buchstaben R:
- ein Adjektiv, das mit dem Buchstaben n beginnt:
- ein Verb, das mit dem Buchstaben g beginnt:
- ein Tier, das im Wörterbuch zu finden ist:

2 Diese Wörter findest du nicht im Wörterbuch.
Unter welchen Wörtern musst du nachschauen?

Grünschnabel *grün* S. ___ und *Schnabel* S. ___

Klassenfahrt *Klasse* S. ___ und *Fahrt* S. ___

3 Trenne die Wörter nach ihren Silben.

> Nachbar   niedlich   Spaziergang   fröhlich
> Hofpause   Bücherei   Klassenausflug

Nach-bar, nied-lich, Spa-zier-gang,
fröh-lich, Hof-pau-se, Bü-che-rei,
Klas-sen-aus-flug

4 Suche die gebeugte Form im Wörterbuch und ergänze die Tabelle.

Grundform (Infinitiv)	gebeugte Form
geben	*es gibt*
fahren	*sie fährt*
lesen	*er liest*
helfen	*sie hilft*
sehen	*er sieht*

8 ▶ Sprachbuch: Seite 14

Lernen lernen

Wörter nach dem Alphabet ordnen

> **Merksatz**
> Wenn Wörter mit dem gleichen Buchstaben anfangen,
> musst du den nächsten Buchstaben zum Ordnen nutzen.

1 Markiere den zweiten Buchstaben in jedem Wort.

a̲hnen – a̲ufwecken	Hi̲tze – he̲rstellen
wi̲chtig – we̲chseln	sc̲hattig – sa̲mmeln
Fe̲rien – fl̲üssig	kr̲äftig – kl̲ettern
sc̲hwierig – St̲raße	e̲mpfindlich – e̲hrlich
st̲ark – sc̲hließlich – sü̲ß	U̲rlaub – u̲ngefährlich – ü̲berqueren
ri̲chtig – re̲nnen – ru̲hig	nü̲tzlich – na̲türlich – ni̲emals

2 Unterstreiche in jedem Kasten das Wort, das im Alphabet zuerst steht.

3 Ordne die Nomen (Substantive) nach dem Alphabet.

> Spaß   Stadt   See   Schatten   Stiel

Schatten, See, Spaß, Stadt, Stiel

4 In jeder Reihe steht ein Verb an der falschen Stelle.
Markiere es und schreibe die Reihe richtig auf.

> backen   beginnen   brennen   biegen   bohren

backen, beginnen, biegen, bohren, brennen

> kennen   klettern   kratzen   kämmen   kühlen

kämmen, kennen, klettern, kratzen, kühlen

5 Ordne die Verben nach dem Alphabet. Achte auf den dritten Buchstaben!

> erkennen   erfahren   ersetzen   erwischen   erwarten

erfahren, erkennen, ersetzen, erwarten, erwischen

9 ▶ Sprachbuch: Seite 14
  ✦ Lernsoftware: Nr. 8, 9

Lernen lernen

Lange und kurze Selbstlaute (Vokale) unterscheiden

> **Merksatz**
> Viele Wörter haben zwei Silben: *Scha-fe, schaf-fen, ...*
> - **Schließt** der Mund nach der ersten Silbe,
>   dann spricht man einen **kurzen Selbstlaut** (Vokal): *schaf-fen.*
> - **Bleibt** der Mund nach der ersten Silbe **geöffnet**,
>   dann spricht man einen **langen Selbstlaut** (Vokal): *Scha-fe.*

1 Sprich die Wörter deutlich aus und finde heraus,
ob die dick gedruckten Selbstlaute lang oder kurz gesprochen werden.

> Biber – bibbern   Ratten – raten   Lupe – Puppe   Kasse – Käse
> besser – Besen   Samen – sammeln   beten – betteln   Suppe – Hupe
> schöne   Lasso   wenig   bitten

2 Markiere die kurzen Selbstlaute mit einem Punkt und die langen mit einem Strich.

3 Schreibe die Wörter geordnet nach kurzen und langen Selbstlauten mit Trennstrichen auf.

Wörter mit langem Selbstlaut: *Bi-ber, ra-ten, Lu-pe,*
Kä-se, Be-sen, Sa-men, be-ten, Hu-pe,
schö-ne, we-nig

Wörter mit kurzem Selbstlaut: *bib-bern, Rat-ten,*
Pup-pe, Kas-se, bes-ser, sam-meln, bet-teln,
Sup-pe, Las-so, bit-ten

4 Sprich die Wörter deutlich aus.

Setze ff oder f ein.

ru *f* en	tre *ff* en
scha *ff* en	Ta *f* el
schla *f* en	Lö *ff* el
So *f* a	Wa *ff* el

Setze ein mm oder m ein.

Blu *m* e	bu *mm* eln
Kla *mm* er	Na *m* e
kra *m* en	sa *mm* eln
bru *mm* en	ko *m* isch

10 ▶ Sprachbuch: Seite 17
  ✦ Lernsoftware: Nr. 10, 11

Richtig schreiben

Adjektive mit Wortbausteinen -ig und -lich 1

> **Merksatz**
> Fast alle **Adjektive** mit den **Wortbausteinen -ig** und **-lich**
> stammen von anderen Wörtern ab:
> *eckig – die Ecke, freundlich – der Freund.*
> Wenn du das Adjektiv verlängerst, hörst du **-ig** oder **-lich**:
> *lustig – lustige, sportlich – sportliche.*

1 Bilde die passenden Adjektive mit dem Wortbaustein -ig.
Schreibe auch eine verlängerte Form mit Trennstrichen dazu.

der Mut	*mutig*	*mu-ti-ge*
der Spaß	*spaßig*	*spa-ßi-ge*
das Gift	*giftig*	*gif-ti-ge*
der Fleiß	*fleißig*	*flei-ßi-ge*
der Dreck	*dreckig*	*dre-cki-ge*
die Lust	*lustig*	*lus-ti-ge*

2 Vervollständige die Tabelle.

Nomen (Substantiv)	Adjektiv mit -lich	verlängerte Form des Adjektivs
das Glück	*glücklich*	*glückliche*
der Freund	*freundlich*	*freundliche*
der Sport	*sportlich*	*sportliche*
das Herz	*herzlich*	*herzliche*
die Gefahr	*gefährlich*	*gefährliche*
der Winter	*winterlich*	*winterliche*

3 Vervollständige die Sätze mit den passenden Adjektiven.

> der Sport
> der Fleiß

Tino ist ein *sportlicher* Junge.

Meine Schwester ist eine *fleißige* Schülerin.

11 ▶ Sprachbuch: Seite 18
  ✦ Lernsoftware: Nr. 26

Richtig schreiben

Adjektive mit Wortbausteinen -ig und -lich 2

1 Im Suchsel haben sich 6 Adjektive mit **-ig** und **-lich** versteckt.
Kreise sie ein und schreibe sie auf.

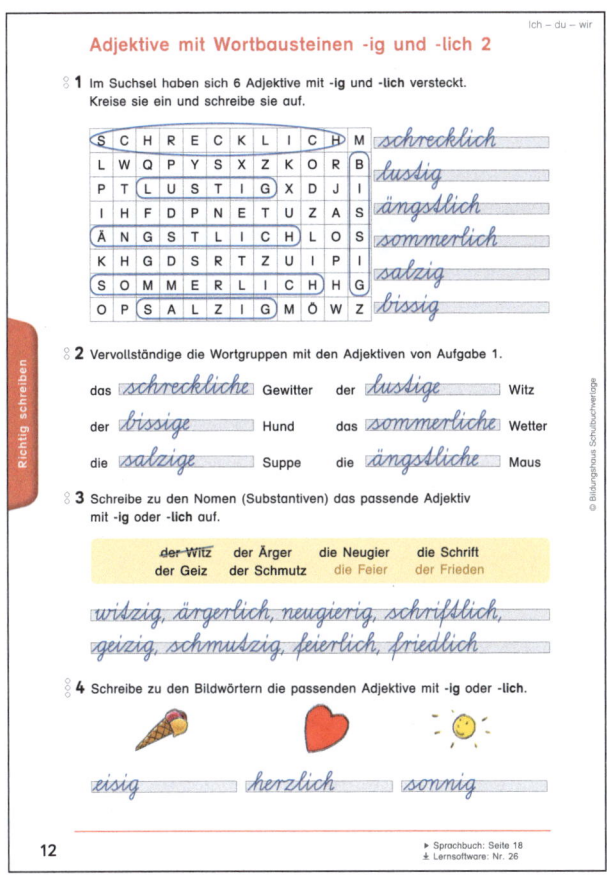

S	C	H	R	E	C	K	L	I	CH	M	*schrecklich*
L	W	Q	P	Y	S	X	Z	K	O	R	B	*lustig*
P	T	L	U	S	T	I	G	X	D	J	I	*ängstlich*
I	H	F	D	P	N	E	T	U	Z	A	S	*sommerlich*
Ä	N	G	S	T	L	I	CH	L	O	S	*salzig*
K	H	G	D	S	R	T	Z	U	I	P	I	*bissig*
S	O	M	M	E	R	L	I	CH	H	G
O	P	S	A	L	Z	I	G	M	Ö	W	Z

2 Vervollständige die Wortgruppen mit den Adjektiven von Aufgabe 1.

das *schreckliche* Gewitter   der *lustige* Witz

der *bissige* Hund   das *sommerliche* Wetter

die *salzige* Suppe   die *ängstliche* Maus

3 Schreibe zu den Nomen (Substantiven) das passende Adjektiv
mit **-ig** oder **-lich** auf.

> der Witz   der Ärger   die Neugier   die Schrift
> der Geiz   der Schmutz   die Feier   der Frieden

witzig, ärgerlich, neugierig, schriftlich,
geizig, schmutzig, feierlich, friedlich

4 Schreibe zu den Bildwörtern die passenden Adjektive mit **-ig** oder **-lich**.

eisig   *herzlich*   *sonnig*

12   ▶ Sprachbuch: Seite 18   ⬆ Lernsoftware: Nr. 26

Richtig schreiben

Nomen (Substantive) erkennen: am Artikel

Merksatz

> An den **Artikeln** kann man die **Nomen** (Substantive) erkennen.
> Die Artikel in der Einzahl (Singular) sind
> die **bestimmten** Artikel: *der, die, das,*
> die **unbestimmten** Artikel: *ein, eine, ein.*
> In der Mehrzahl (Plural) gibt es nur einen Artikel: *die.*
> *der Junge – die Jungen, die Straße – die Straßen,*
> *das Mädchen – die Mädchen*

1 Setze den bestimmten oder den unbestimmten Artikel passend
in die Lücken ein.

Die Leiter

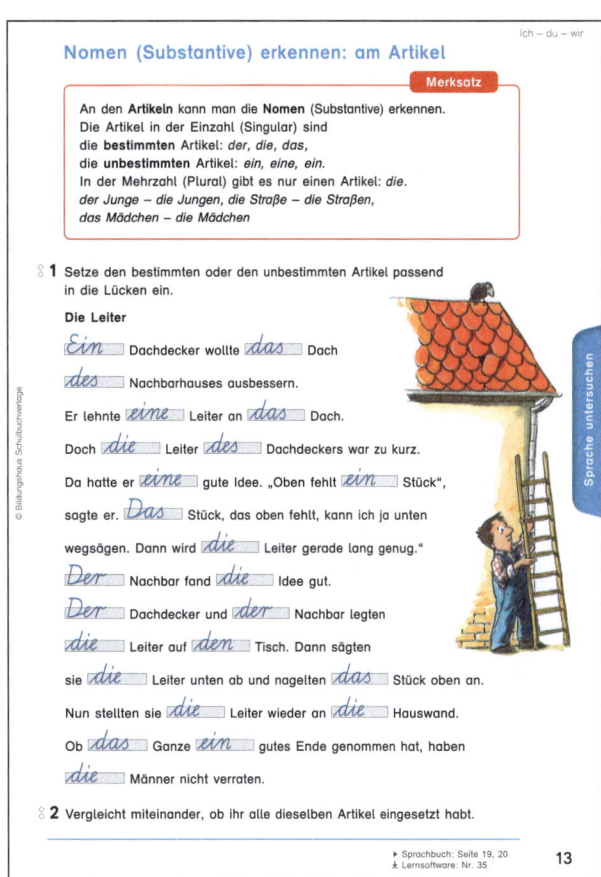

Ein Dachdecker wollte *das* Dach

des Nachbarhauses ausbessern.

Er lehnte *eine* Leiter an *das* Dach.

Doch *die* Leiter *des* Dachdeckers war zu kurz.

Da hatte er *eine* gute Idee. „Oben fehlt *ein* Stück",

sagte er. *Das* Stück, das oben fehlt, kann ich ja unten

wegsägen. Dann wird *die* Leiter gerade lang genug."

Der Nachbar fand *die* Idee gut.

Der Dachdecker und *der* Nachbar legten

die Leiter auf *den* Tisch. Dann sägten

sie *die* Leiter unten ab und nagelten *das* Stück oben an.

Nun stellten sie *die* Leiter wieder an *die* Hauswand.

Ob *das* Ganze *ein* gutes Ende genommen hat, haben

die Männer nicht verraten.

2 Vergleicht miteinander, ob ihr alle dieselben Artikel eingesetzt habt.

Sprache untersuchen

13   ▶ Sprachbuch: Seite 19, 20   ⬆ Lernsoftware: Nr. 35

Nomen (Substantive) erkennen: Wörter für Gefühle

Merksatz

> Die meisten **Nomen** (Substantive) sind Wörter für **Dinge** und
> **Lebewesen**: *die Klingel, das Mädchen, der Kaktus.*
> Nomen (Substantive) können aber auch Wörter für **Gefühle** sein:
> *der Spaß, die Wut, das Glück.*

1 Finde im Suchsel 5 Wörter für Gefühle. Schreibe sie in die Zeilen.

Ä	A	N	G	S	T	*Angst*
L	U	K	L	N	P	*Glück*
I	F	H	Ü	O	W	*Wut*
E	A	C	C	K	U	*Liebe*
B	R	V	K	S	T	*Freude*
E	W	D	Ü	I	P
F	R	E	U	D	E

2 Markiere die Wörter für Gefühle in der Wörterschlange.

freundlinealmutnachbarstifttrauerklassenbuchglück

3 Schreibe die Wörter für Gefühle mit Artikel untereinander auf
und finde verwandte Wörter. Achte auf die Großschreibung!

der Mut, mutig, mutlos
die Trauer, traurig, trauern
das Glück, glücklich, das Glückskind

4 Verbinde die Nomen (Substantive), die zusammenpassen.

Glück   Ferien   Käfer   Spaß
Mut   Probe

5 Schreibe die zusammengesetzten Wörter von Aufgabe 4 auf.

Glückskäfer, Ferienspaß, Mutprobe

Sprache untersuchen

14   ▶ Sprachbuch: Seite 21   ⬆ Lernsoftware: Nr. 32

Texte überarbeiten: blaue Textlupe

1 Pantomime: Ein Kind spielt ein Verb vor, ohne zu sprechen, die anderen raten.

> stolpern   hüpfen   trippeln   spazieren   stampfen   bummeln
> schlendern   laufen   rennen   flitzen   humpeln   rasen
> schleichen   eilen   spurten   tänzeln   hasten   hetzen

2 Zu welchem Wortfeld gehören alle Verben von Aufgabe 1? *gehen*

3 In der Geschichte wiederholt sich das Verb **gehen**.
Überlege, an welcher Stelle du
ein passenderes Verb verwenden kannst.
Markiere die Stelle mit einem Kreuz.

> Suche ein passenderes Wort.

Auf dem Schulhof

Alle Kinder X *rasen* ~~gehen~~ auf den Pausenhof.

Ein Junge X *rennt* ~~gehen~~ zu schnell, fällt hin und verletzt sich am Knie.

Er X *humpelt* ~~gehen~~ langsam zu den anderen Kindern.

Die Lehrerin X *spaziert* ~~gehen~~ auf dem Schulhof hin und her.

Am Sandkasten versuchen einige Mädchen, ganz weit zu X *springen* ~~gehen~~.

Drei Jungen haben es gar nicht eilig. Sie X *schlendern* ~~gehen~~ über den Hof.

Einige Kinder aus der ersten Klasse trompeten

und X *stampfen* ~~gehen~~ wie Elefanten.

Die dritten Klassen spielen Fangen.

Sie X *flitzen* ~~gehen~~ schnell voreinander weg.

Mit dem Pausenklingeln *gehen* alle Kinder zurück in ihre Klassen.

4 Schreibe nun in die Zeilen passende Verben: *rasen* ~~gehen~~

5 Schreibe fünf Sätze mit Verben aus dem Wortfeld **gehen** in dein Heft.

Texte verfassen

15   ▶ Sprachbuch: Seite 22   ⬆ Lernsoftware: Nr. 2, 3

Lösungen

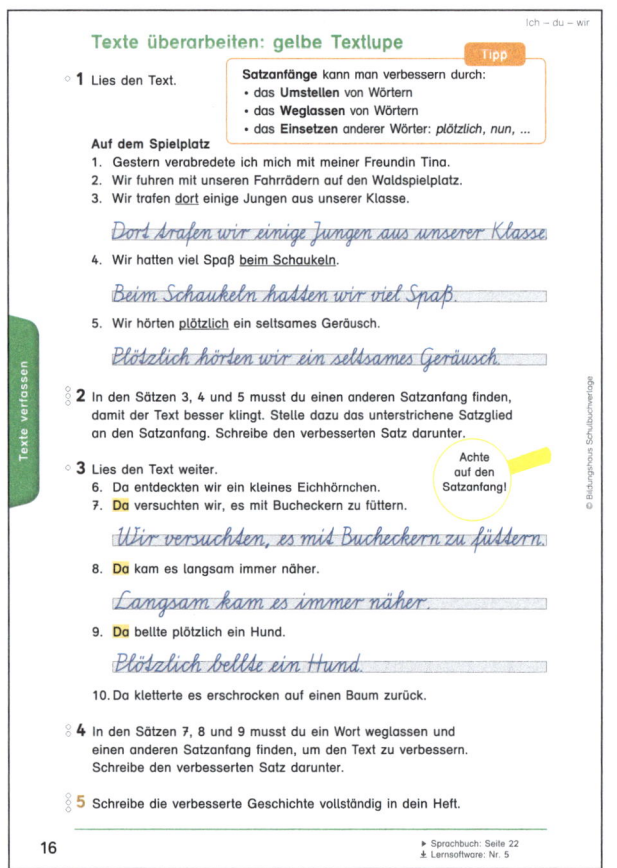

Texte überarbeiten: gelbe Textlupe

Tipp

○ **1** Lies den Text.

Satzanfänge kann man verbessern durch:
- das **Umstellen** von Wörtern
- das **Weglassen** von Wörtern
- das **Einsetzen** anderer Wörter: *plötzlich, nun, …*

Auf dem Spielplatz
1. Gestern verabredete ich mich mit meiner Freundin Tina.
2. Wir fuhren mit unseren Fahrrädern auf den Waldspielplatz.
3. Wir trafen <u>dort</u> einige Jungen aus unserer Klasse.

Dort trafen wir einige Jungen aus unserer Klasse.

4. Wir hatten viel Spaß <u>beim Schaukeln</u>.

Beim Schaukeln hatten wir viel Spaß.

5. Wir hörten <u>plötzlich</u> ein seltsames Geräusch.

Plötzlich hörten wir ein seltsames Geräusch.

○ **2** In den Sätzen 3, 4 und 5 musst du einen anderen Satzanfang finden, damit der Text besser klingt. Stelle dazu das unterstrichene Satzglied an den Satzanfang. Schreibe den verbesserten Satz darunter.

○ **3** Lies den Text weiter.
6. Da entdeckten wir ein kleines Eichhörnchen.
7. **Da** versuchten wir, es mit Bucheckern zu füttern.

Achte auf den Satzanfang!

Wir versuchten, es mit Bucheckern zu füttern.

8. **Da** kam es langsam immer näher.

Langsam kam es immer näher.

9. **Da** bellte plötzlich ein Hund.

Plötzlich bellte ein Hund.

10. Da kletterte es erschrocken auf einen Baum zurück.

○ **4** In den Sätzen 7, 8 und 9 musst du ein Wort weglassen und einen anderen Satzanfang finden, um den Text zu verbessern. Schreibe den verbesserten Satz darunter.

○ **5** Schreibe die verbesserte Geschichte vollständig in dein Heft.

▶ Sprachbuch: Seite 22
± Lernsoftware: Nr. 5

Texte verfassen

© Bildungshaus Schulbuchverlage

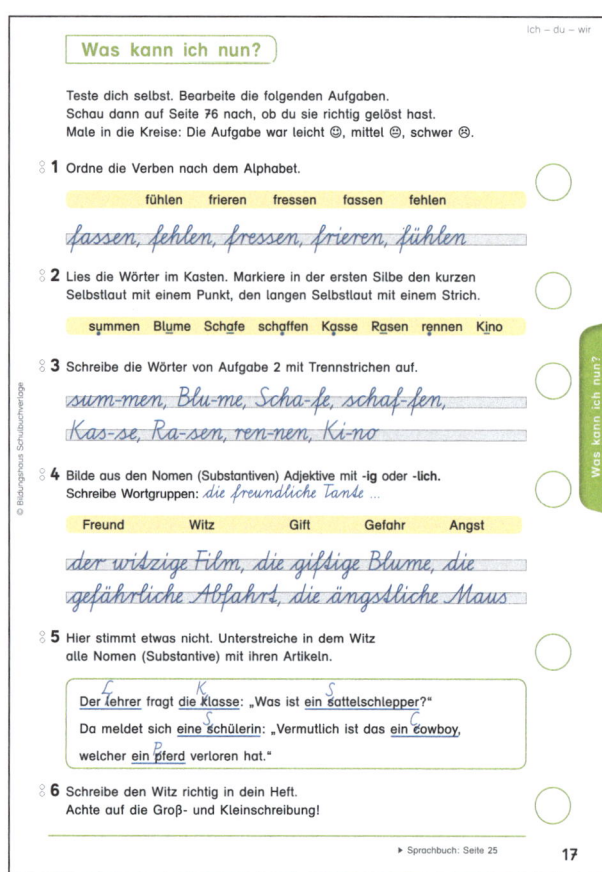

Was kann ich nun?

Teste dich selbst. Bearbeite die folgenden Aufgaben.
Schau dann auf Seite 76 nach, ob du sie richtig gelöst hast.
Male in die Kreise: Die Aufgabe war leicht ☺, mittel ☺, schwer ☹.

○ **1** Ordne die Verben nach dem Alphabet.

fühlen   frieren   fressen   fassen   fehlen

fassen, fehlen, fressen, frieren, fühlen

○ **2** Lies die Wörter im Kasten. Markiere in der ersten Silbe den kurzen Selbstlaut mit einem Punkt, den langen Selbstlaut mit einem Strich.

su̇mmen   Blu̅me   Scha̅fe   schȧffen   Kȧsse   Ra̅sen   rėnnen   Ki̅no

○ **3** Schreibe die Wörter von Aufgabe 2 mit Trennstrichen auf.

sum-men, Blu-me, Scha-fe, schaf-fen,
Kas-se, Ra-sen, ren-nen, Ki-no

○ **4** Bilde aus den Nomen (Substantiven) Adjektive mit -ig oder -lich. Schreibe Wortgruppen: *die freundliche Tante …*

Freund   Witz   Gift   Gefahr   Angst

der witzige Film, die giftige Blume, die
gefährliche Abfahrt, die ängstliche Maus

○ **5** Hier stimmt etwas nicht. Unterstreiche in dem Witz alle Nomen (Substantive) mit ihren Artikeln.

Der <u>Lehrer</u> fragt die <u>Klasse</u>: „Was ist ein <u>sattelschlepper</u>?"
Da meldet sich eine <u>schülerin</u>: „Vermutlich ist das ein <u>cowboy</u>,
welcher ein <u>pferd</u> verloren hat."

○ **6** Schreibe den Witz richtig in dein Heft. Achte auf die Groß- und Kleinschreibung!

▶ Sprachbuch: Seite 25

Was kann ich nun?

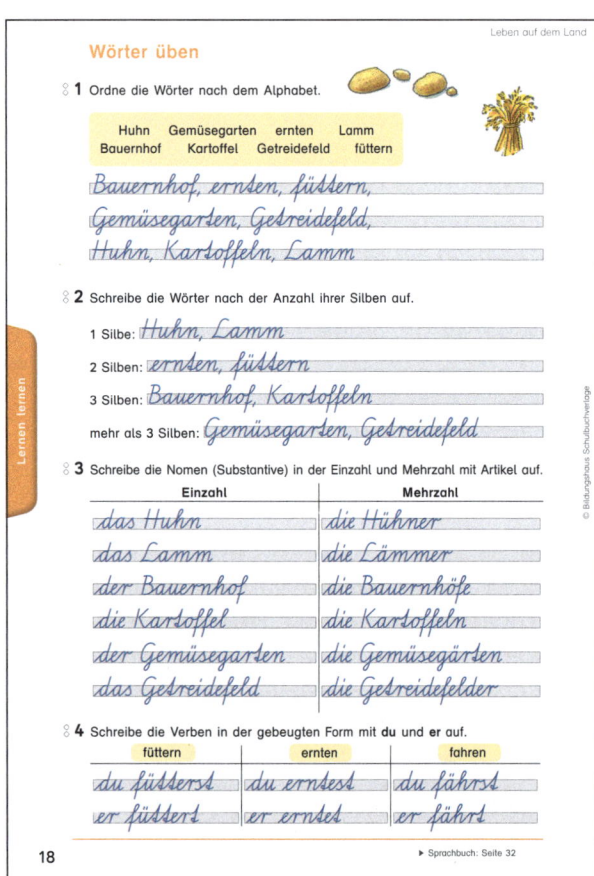

Wörter üben

○ **1** Ordne die Wörter nach dem Alphabet.

Huhn   Gemüsegarten   ernten   Lamm
Bauernhof   Kartoffel   Getreidefeld   füttern

Bauernhof, ernten, füttern,
Gemüsegarten, Getreidefeld,
Huhn, Kartoffeln, Lamm

○ **2** Schreibe die Wörter nach der Anzahl ihrer Silben auf.

1 Silbe: *Huhn, Lamm*

2 Silben: *ernten, füttern*

3 Silben: *Bauernhof, Kartoffeln*

mehr als 3 Silben: *Gemüsegarten, Getreidefeld*

○ **3** Schreibe die Nomen (Substantive) in der Einzahl und Mehrzahl mit Artikel auf.

Einzahl	Mehrzahl
das Huhn	*die Hühner*
das Lamm	*die Lämmer*
der Bauernhof	*die Bauernhöfe*
die Kartoffel	*die Kartoffeln*
der Gemüsegarten	*die Gemüsegärten*
das Getreidefeld	*die Getreidefelder*

○ **4** Schreibe die Verben in der gebeugten Form mit du und er auf.

füttern	ernten	fahren
du fütterst	*du erntest*	*du fährst*
er füttert	*er erntet*	*er fährt*

▶ Sprachbuch: Seite 32

Lernen lernen

© Bildungshaus Schulbuchverlage

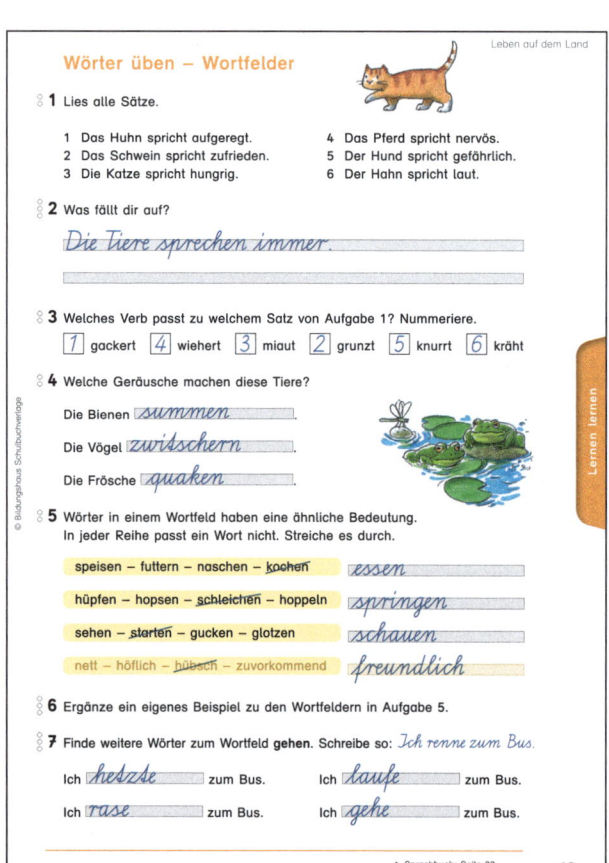

Wörter üben – Wortfelder

○ **1** Lies alle Sätze.

1 Das Huhn spricht aufgeregt.
2 Das Schwein spricht zufrieden.
3 Die Katze spricht hungrig.
4 Das Pferd spricht nervös.
5 Der Hund spricht gefährlich.
6 Der Hahn spricht laut.

○ **2** Was fällt dir auf?

Die Tiere sprechen immer.

○ **3** Welches Verb passt zu welchem Satz von Aufgabe 1? Nummeriere.

[1] gackert   [4] wiehert   [3] miaut   [2] grunzt   [5] knurrt   [6] kräht

○ **4** Welche Geräusche machen diese Tiere?

Die Bienen *summen*
Die Vögel *zwitschern*
Die Frösche *quaken*

○ **5** Wörter in einem Wortfeld haben eine ähnliche Bedeutung. In jeder Reihe passt ein Wort nicht. Streiche es durch.

speisen – futtern – naschen – ~~kochen~~   *essen*
hüpfen – hopsen – ~~schleichen~~ – hoppeln   *springen*
sehen – ~~starten~~ – gucken – glotzen   *schauen*
nett – höflich – ~~hübsch~~ – zuvorkommend   *freundlich*

○ **6** Ergänze ein eigenes Beispiel zu den Wortfeldern in Aufgabe 5.

○ **7** Finde weitere Wörter zum Wortfeld *gehen*. Schreibe so: *Ich renne zum Bus.*

Ich *hetze* zum Bus.   Ich *laufe* zum Bus.
Ich *rase* zum Bus.   Ich *gehe* zum Bus.

▶ Sprachbuch: Seite 32

Lernen lernen

Wörter mit doppelten Mitlauten (Konsonanten) schreiben 1

Merksatz

Auf einen **kurzen Selbstlaut** (Vokal) folgen meist
zwei verschiedene Mitlaute (Konsonanten): falten, Taste, kurz.
Wenn du nur **einen Mitlaut** (Konsonanten) hörst,
wird dieser beim Schreiben **verdoppelt**: kennen, Brille, dünn.

1 Verbinde die Adjektive mit den passenden Nomen (Substantiven).

hell	die Klasse		stumm	der Lappen
schnell	die Sonne		voll	die Puppe
nett	der Roller		nass	die Schüssel

2 Markiere die doppelten Mitlaute.

3 Bilde mit den Wörtern von Aufgabe 1 Wortgruppen. Schreibe so:

die helle Sonne, der schnelle Roller,
die nette Klasse, die stumme Puppe,
die volle Schüssel, der nasse Lappen

4 Welche Wörter haben den gleichen Wortstamm?
Kennzeichne die Kästen in der gleichen Farbe.

| Gewinnspiel | Gewissen | Kennzeichen | Fressnapf | Rennbahn |
| rennen | fressen | wissen | kennen | gewinnen |

5 Schreibe die Wortpaare auf. Finde ein weiteres verwandtes Wort.

Gewinnspiel – gewinnen – gewinnt
Gewissen – wissen – gewusst
Kennzeichen – kennen – kennst
Fressnapf – fressen – Fraß
Rennbahn – rennen – rennt

20 ▸ Sprachbuch: Seite 35 ⧫ Lernsoftware: Nr. 12

Wörter mit doppelten Mitlauten (Konsonanten) schreiben 2

1 Schreibe die Verben in der richtigen Form in die Lücken.

Du *rennst* kommt von rennen, es *brennt* kommt von brennen,
er *schwimmt* kommt von schwimmen, es *stimmt* kommt von stimmen,
du *musst* kommt von müssen, er *küsst* kommt von küssen.
Er *bellt* kommt von bellen, du *stellst* kommt von stellen,
ich *will* kommt von wollen, du *sollst* kommt von sollen.

2 Finde immer das Gegenteil.
Welche Adjektive mit doppeltem Mitlaut sind gemeint?

dick – *dünn* langsam – *schnell*
leer – *voll* trocken – *nass*
gerade – *krumm* mager – *fett*

3 Welche Wörter mit doppelten Mitlauten fehlen hier? Trage sie ein.

Die Bäuerin bereitet das *Futter* TTUFRE für die Schweine vor.
Dazu nimmt sie eine *Schüssel* ÜSCHSELS , denn Schweine fressen
nicht von einem *Teller* LLETER . *Kartoffeln* NELARTFFOK
und *Karotten* ORKATTEN mögen Schweine besonders gern.
Sie trinken auch nicht aus einem Glas, sondern saufen
aus einer *Wanne* NNEWA . Der Bauer füllt die Wanne
immer mit frischem *Wasser* REWASS .

4 Markiere bei den Wörtern im Text alle doppelten Mitlaute.

5 Wähle Wörter mit doppeltem Mitlaut von dieser Seite aus.
Schreibe mit diesen Wörtern Witzsätze in dein Heft:
Die nette Karotte frisst Kartoffeln vom Teller.

21 ▸ Sprachbuch: Seite 35 ⧫ Lernsoftware: Nr. 12

Wörter mit b, d, g verlängern 1

Merksatz

Am Ende eines Wortes hören sich **b, d, g** oft wie **p, t, k** an:
Dieb, gesund, Zwerg.
Wenn du das Wort **verlängerst**, kannst du b, d, g deutlich hören:
Diebe, gesunde, Zwerge.

1 Markiere die 6 Nomen (Substantive) im Suchsel.

W	A	L	D	R	O	P	H	T	*Wälder*
I	V	R	O	S	K	O	R	B	*Körbe*
D	T	N	U	I	Z	W	U	F	*Diebe*
I	T	Y	K	M	N	I	O	L	*Zweige*
E	D	Z	W	E	I	G	P	K	*Wege*
B	Z	W	E	G	Q	D	V	B	*Felder*
J	A	U	F	F	E	L	D	Y	

2 Schreibe die Nomen (Substantive) in der Mehrzahl neben das Suchsel.

3 Schreibe sinnvolle Wortgruppen auf.

| Kalb | Wind | Pferd | Zwerg |
| winzig | lieb | eisig | wild |

ein liebes Kalb, ein eisiger Wind,
ein wildes Pferd, ein winziger Zwerg

4 b oder p, d oder t, g oder k? Setze die Adjektive in der verlängerten Form
in die Wortgruppen ein. Schreibe hinter die Wortgruppe das Adjektiv:

halb – ein *halber* Apfel → *halb*
lieb – das *liebe* Ferkel → *lieb*
spannend – die *spannende* Geschichte → *spannend*
schwierig – der *schwierige* Test → *schwierig*

22 ▸ Sprachbuch: Seite 36, 37 ⧫ Lernsoftware: Nr. 18

Wörter mit b, d, g verlängern 2

1 Unterstreiche die Verben in den Sätzen.

Mein Freund lebt auf einem Bauernhof. *leben*
Die Bäuerin trägt eine Milchkanne. *tragen*
Eine Schwalbe fliegt in den Stall. *fliegen*
Der Bauer lobt den Hund. *loben*
Magst du frische Milch? *mögen*
Heute bleibt der Bulle auf der Weide. *bleiben*

2 Schreibe die Verben in der Grundform (Infinitiv) hinter jeden Satz.

3 Vervollständige die Sätze.
Schreibe das Verb in der gebeugten Form in die Lücken.

Er *bleibt* kommt von bleiben. Sie *schreibt* kommt von schreiben.
Du *liegst* kommt von liegen. Du *biegst* kommt von biegen.
Er *glaubt* kommt von glauben. Er *raubt* kommt von rauben.
Es *klebt* kommt von kleben. Du *hebst* kommt von heben.
Er *trägt* kommt von tragen. Sie *schlägt* kommt von schlagen.

4 Welche Nomen (Substantive) mit b oder d am Ende sind gemeint?

Wer reist ständig kostenlos um die Erde?
der Mond

Wer rüttelt sich und schüttelt sich
und macht ein feines Häufchen unter sich?
das Sieb

5 Schreibe selbst ein Rätsel zu einem dieser Wörter in dein Heft.

| Berg | Zwerg | König |

23 ▸ Sprachbuch: Seite 36, 37 ⧫ Lernsoftware: Nr. 19

Lösungen

Panel 1 (page 24)

Personalpronomen verwenden

Merksatz

Personalpronomen (Fürwörter) sind Wörter, die du **für Nomen** (Substantive) einsetzen kannst. So musst du das Nomen (Substantiv) nicht ständig wiederholen.
Personalpronomen in der Einzahl (Singular): *ich, du, er, sie, es.*
Personalpronomen in der Mehrzahl (Plural): *wir, ihr, sie.*

1 Ersetze die unterstrichenen Wörter durch Personalpronomen.
Das Pferd wiehert auf der Koppel.

Es wiehert auf der Koppel.

Die Ziege meckert im Stall.

Sie meckert im Stall.

Leo und ich lachen laut.

Wir lachen laut.

Im Nest haben die Küken es warm.

Im Nest haben sie es warm.

2 Unterstreiche die Personalpronomen im Text.

Der Bauer arbeitet fleißig. „Auf dem Feld haben wir viel zu tun", sagt er.
Die Bäuerin arbeitet im Stall. Sie füttert die Tiere.
In der Nacht ist ein Fohlen geboren. Es trinkt gerade.
Die kleinen Kaninchen kannst du kaum sehen. Sie verstecken sich im Stroh. Ich mag die süßen Kätzchen am liebsten.

3 Ergänze im Text das passende Personalpronomen.
ich   sie   sie   er   wir   es

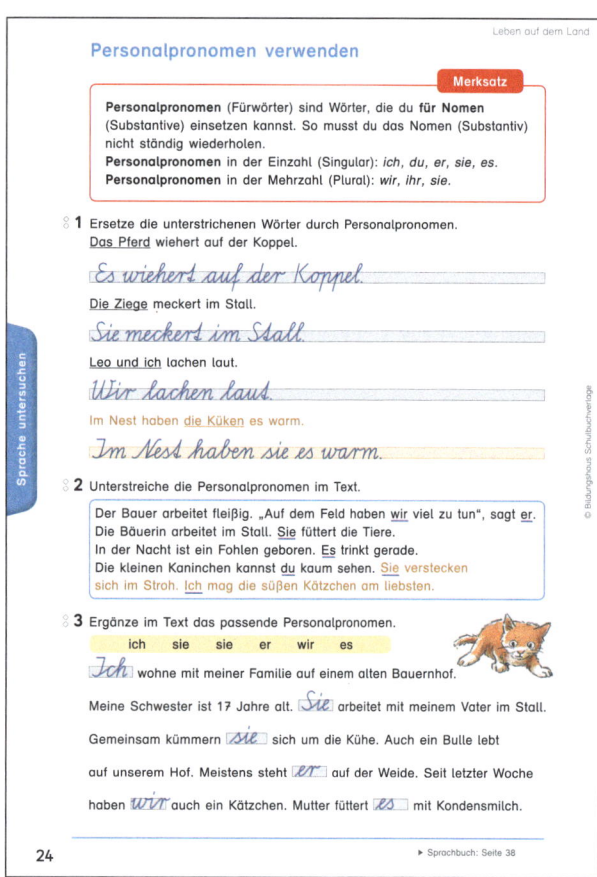

Ich wohne mit meiner Familie auf einem alten Bauernhof.

Meine Schwester ist 17 Jahre alt. *Sie* arbeitet mit meinem Vater im Stall.

Gemeinsam kümmern *sie* sich um die Kühe. Auch ein Bulle lebt

auf unserem Hof. Meistens steht *er* auf der Weide. Seit letzter Woche

haben *wir* auch ein Kätzchen. Mutter füttert *es* mit Kondensmilch.

Sprache untersuchen

24   ▶ Sprachbuch: Seite 38

© Bildungshaus Schulbuchverlage

Panel 2 (page 25)

Mehrzahl (Plural) von Nomen (Substantiven) bilden

Merksatz

Die meisten **Nomen** (Substantive) haben eine **Einzahl** (Singular) und eine **Mehrzahl** (Plural). Die Mehrzahl erkennt man
• an der **Endung**: *das Schwein – die Schweine*
• oder an **Umlauten**: *die Kuh – die Kühe*
• oder nur am **Artikel die**: *das Mädchen – die Mädchen.*

1 Bilde die Mehrzahl der Nomen (Substantive).

der Käfig – *die Käfige*   der Tisch – *die Tische*

die Bahn – *die Bahnen*   das Rind – *die Rinder*

das Tier – *die Tiere*   die Decke – *die Decken*

2 Markiere die Endungen der Nomen (Substantive) in der Mehrzahl.

3 Trage die Nomen (Substantive) in der Mehrzahl in die Tabelle ein.

Maschine   Taxi   Clown   Ecke   Löffel
Foto   Fernseher   Gebäude   Kartoffel

Mehrzahl mit -n	Mehrzahl mit -s	Mehrzahl genau wie Einzahl
Maschinen	*Taxis*	*Löffel*
Ecken	*Clowns*	*Fernseher*
Kartoffeln	*Fotos*	*Gebäude*

4 Bei diesen Nomen (Substantiven) verändert sich in der Mehrzahl der Selbstlaut. Schreibe die Wörter in der Mehrzahl in die richtige Zeile.

der Arzt   der Wald   die Nuss   der Ofen   der Traum   das Haus
der Fluss   der Block   der Fuchs   der Baum   der Draht   der Lohn

mit ä: *Ärzte, Wälder, Drähte*

mit ö: *Öfen, Blöcke, Löhne*

mit ü: *Nüsse, Flüsse, Füchse*

mit äu: *Häuser, Träume, Bäume*

Sprache untersuchen

▶ Sprachbuch: Seite 39
⤓ Lernsoftware: Nr. 33   25

Panel 3 (page 26)

Adjektive erkennen und verwenden

Merksatz

Adjektive sagen genauer, wie etwas ist oder aussieht:
rund, blau, langweilig, …
Steht das **Adjektiv** vor einem **Nomen** (Substantiv),
verändert es sich: *Der Esel ist grau. – der graue Esel*

1 Male die Kästen in der richtige Farbe aus.

Wie sich etwas anhört: Wie etwas schmeckt:

| salzig | laut | heiser | leise |
| piepsig | bitter | süß | sauer |

2 Schreibe mit einigen Adjektiven Sätze und Wortgruppen:
Die Musik ist laut. – die laute Musik

Die Suppe schmeckt salzig. – die salzige Suppe

Ich bin heiser. – die heisere Lehrerin

Die Klasse ist leise. – die leise Klasse

3 Setze passende Adjektive in die Lücken ein.

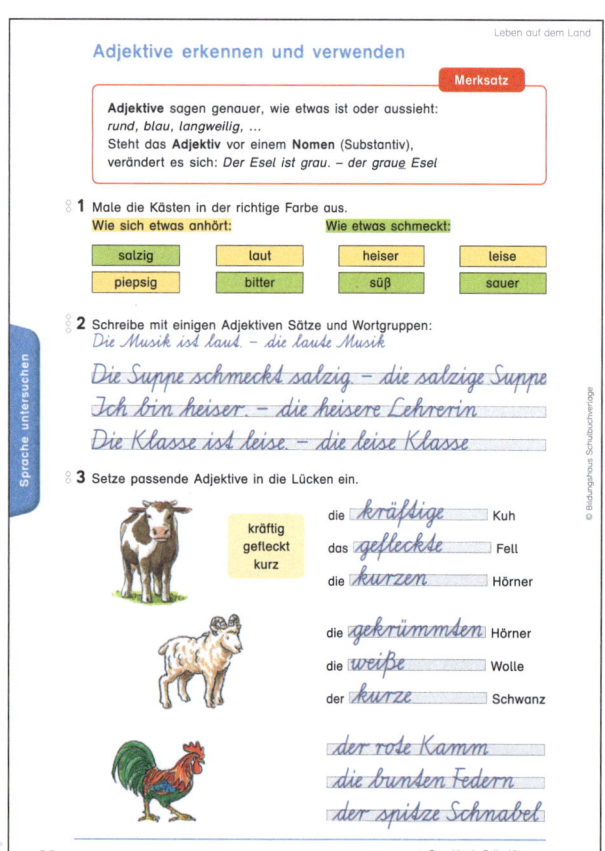

kräftig
gefleckt
kurz

die *kräftige* Kuh

das *gefleckte* Fell

die *kurzen* Hörner

die *gekrümmten* Hörner

die *weiße* Wolle

der *kurze* Schwanz

der rote Kamm

die bunten Federn

der spitze Schnabel

Sprache untersuchen

26   ▶ Sprachbuch: Seite 40
⤓ Lernsoftware: Nr. 37, 39

© Bildungshaus Schulbuchverlage

Panel 4 (page 27)

Mit Adjektiven vergleichen

Merksatz

Mit Adjektiven kann man Dinge und Lebewesen **vergleichen**.
Die meisten Adjektive kann man steigern. Sie haben
eine **Grundstufe:**   *Das Kalb ist groß.*
eine **Mehrstufe:**   *Die Kuh ist größer.*
und eine **Meiststufe:**   *Der Bulle ist am größten.*

1 Setze die Adjektive in der richtigen Form ein.

Ente: Mein Ei ist *größer* als deins.   groß

Huhn: Dafür ist mein Stall *schöner*.   schön

Ente: Mein Schnabel ist *länger* als deiner.   lang

Huhn: Aber meiner ist viel *spitzer*.   spitz

Ente: Ich bin die *beste* Schwimmerin auf dem Hof.   gut

Huhn: Ich lege die *meisten* Eier.   viele

2 Ergänze die Tabelle.

Grundstufe	Mehrstufe	Meiststufe
groß	*größer*	*am größten*
dünn	*dünner*	*am dünnsten*
häufig	*häufiger*	*am häufigsten*
hungrig	*hungriger*	*am hungrigsten*
nah	*näher*	*am nächsten*
dick	*dicker*	*am dicksten*
schön	*schöner*	*am schönsten*
gut	*besser*	*am besten*
viel	*mehr*	*am meisten*

Sprache untersuchen

▶ Sprachbuch: Seite 41
⤓ Lernsoftware: Nr. 38   27

Eine Geschichte spannender schreiben

○ **1** Lies die Geschichte.

2 Setze passende Adjektive in die Lücken ein.

Das hässliche Entlein

Eine ___stolze___ Entenmutter hatte sieben ___kleine___ Entlein.
stolze/uralte / kleine/gutmütige

Ein Entlein war ungewöhnlich ___hässlich___
hässlich/schön

Alle anderen Tiere lachten über das ___besondere___ Entenküken.
besondere/tolle

Da beschloss es, davonzulaufen. Auf seinem Weg traf es

eine ___alte___ Bäuerin,
alte/hässliche

die das Entlein für eine ___junge___ Gans hielt.
junge/stolze

Sie sperrte es in einen ___engen___ Käfig, doch
großen/engen

im ___frühen___ Morgengrauen konnte das Küken fliehen.
nächtlichen/frühen

Es gelangte an einen ___einsamen___ See und beobachtete dort
klaren/einsamen

die ___eleganten___ Schwäne. In dem ___eisigen___ Winter
eleganten/gestreiften / eisigen/warmen

wäre es fast erfroren, wenn sich nicht ein ___gutmütiger___ Bauer
gutmütiger/netter

um das Entlein gekümmert hätte. Im ___milden___ Frühling brachte
milden/nächsten

er das Tier an einen ___wundervollen___ See.
wundervollen/anderen

Als es dort in das ___glasklare___ Wasser schaute,
schmutzige/glasklare

erkannte es sein ___bildschönes___ Spiegelbild.
bildschönes/witziges

Aus dem Küken war ein ___prächtiger___ Schwan geworden.
lustiger/prächtiger

3 Gib der Geschichte eine passende Überschrift.

○ **4** Schreibe die Geschichte in dein Heft.

▶ Sprachbuch: Seite 42
⚒ Lernsoftware: Nr. 4

Was kann ich nun?

Teste dich selbst. Bearbeite die folgenden Aufgaben.
Schau dann auf Seite 79 nach, ob du sie richtig gelöst hast.
Male in die Kreise: Die Aufgabe war leicht ☺, mittel ☺, schwer ☹.

1 Welche Wörter mit doppeltem Mitlaut sind hier gemeint?
Schreibe sie mit Artikel auf.

die Schüssel, der Löffel, der Kamm, der Teller

2 Streiche bei jedem Wort den falschen Buchstaben durch.

jun~~k~~/g   Ban~~g~~/k   Wald/~~t~~   kal~~d~~/t   Korb/~~p~~

3 Wie kannst du herausfinden,
ob das Wort **wild/t** am Ende mit **d** oder **t** geschrieben wird?

Ich kann das Wort verlängern: wilde

4 Ersetze beim Abschreiben die unterstrichenen Wörter durch Personalpronomen.

Leon hilft bei der Ernte. *Er hilft bei der Ernte.*

Mona und ich spielen Fangen. *Wir spielen fangen.*

Die Kühe stehen im Stall. *Sie stehen im Stall.*

5 Bilde die Mehrzahl der Wörter.

Wald – *Wälder*   Henne – *Hennen*   Auto – *Autos*

6 Unterstreiche in den Sätzen die Adjektive.

Auf dem großen Bauernhof versorgt die fleißige Bäuerin die Tiere.
Das kleine Kätzchen schläft in einem gemütlichen Korb.
Mit dem grünen Traktor fährt der Bauer in die alte Scheune.

7 Schreibe die richtige Steigerungsform von **schnell** in die Lücken.

Das Fahrrad ist *schnell* .

Der Traktor ist *schneller* .

Das Flugzeug ist *am schnellsten* .

▶ Sprachbuch: Seite 45

Zusammentreffen gleicher Buchstaben beachten

Merksatz

Wenn bei einem zusammengesetzten Wort
zwei gleiche Buchstaben aufeinandertreffen,
muss man **beide schreiben**, auch wenn man das nicht hört:
Telefon + Nummer = Telefonnummer, ent + täuschen = enttäuschen.

1 Im Suchsel haben sich 6 Verben versteckt, bei denen
zwei gleiche Buchstaben aufeinandertreffen. Kreise sie ein.

A	B	B	I	E	G	E	N	C	U
L	W	E	G	G	E	H	E	N	O	X
Ü	B	E	R	R	A	S	C	H	E	N
I	H	F	D	P	N	E	T	U	Z	A
A	U	F	F	A	N	G	E	N	L	O
K	H	G	D	E	R	R	A	T	E	N
A	U	S	S	E	H	E	N	T	K	N

ab-bie-gen
weg-ge-hen
über-ra-schen
auf-fan-gen
er-ra-ten
aus-se-hen

2 Schreibe die Verben mit Trennstrichen auf.

3 Bilde sinnvolle zusammengesetzte Wörter. Setze die Wörter so zusammen,
dass zwei gleiche Buchstaben aufeinandertreffen:

Wasser	Tür			Lampe	Hut
Stroh	Nebel		**+**	Ruhe	Rutsche
Winter	Schule			leicht	Rahmen
Schiff	viel			Fahrt	Leiterin

Wasserrutsche, Strohhut, Winterruhe,
Türrahmen, Nebellampe,
Schulleiterin, Schifffahrt, vielleicht

4 Begründe in deinem Heft, warum man **Brennnessel** mit drei **n** schreibt.

▶ Sprachbuch: Seite 54
⚒ Lernsoftware: Nr. 27, 28

Wörter mit Ver-/ver- und Vor-/vor- schreiben

1 Bilde Verben mit der Vorsilbe **ver-**:

| ver- | trocknen | wehen | raten | regnen | reisen |

vertrocknen, verwehen, verraten,
verregnen, verreisen

2 Bilde sinnvolle Nomen (Substantive). Setze **Ver-** oder **Vor-** richtig ein:

der *Ver*käufer   die *Vor*wahl   das *Vor*haben

die *Ver*beugung   der *Vor*sprung   die *Vor*freude

das *Ver*sprechen   der *Ver*mieter   der *Vor*rat

3 Bilde Wörter mit den Vorsilben **Ver-/ver-** und **Vor-/vor-**.
Achte auf die Groß- und Kleinschreibung!

Ver- / ver-	Vor- / vor-	
vertragen	*vortragen*	tragen
verlassen	*vorlassen*	lassen
verbeugen	*vorbeugen*	beugen
verlaufen	*vorlaufen*	laufen
Verschlag	*Vorschlag*	Schlag
Verstand	*Vorstand*	Stand

4 Vervollständige die Sätze. Setze die Verben in der richtigen Form ein.

Ich *verlaufe* mich oft im Supermarkt.   **verlaufen**

Meine Schwester *läuft* bei einer Wanderung oft *vor*.   **vorlaufen**

Mein kleiner Bruder *verrechnet* sich noch.   **verrechnen**

Die Lehrerin *rechnet* ihm die Aufgaben *vor*.   **vorrechnen**

5 Schreibe jeweils einen Satz mit diesen Verben in dein Heft:

verfahren   **vorfahren**

▶ Sprachbuch: Seite 54

Wörter mit doppeltem Selbstlaut (Vokal) schreiben

Merksatz

Wörter mit **aa**, **ee** und **oo** musst du dir merken: *Saal, Tee, Zoo*.

1 Schreibe die Nomen (Substantive) mit doppeltem Selbstlaut mit Artikel auf.

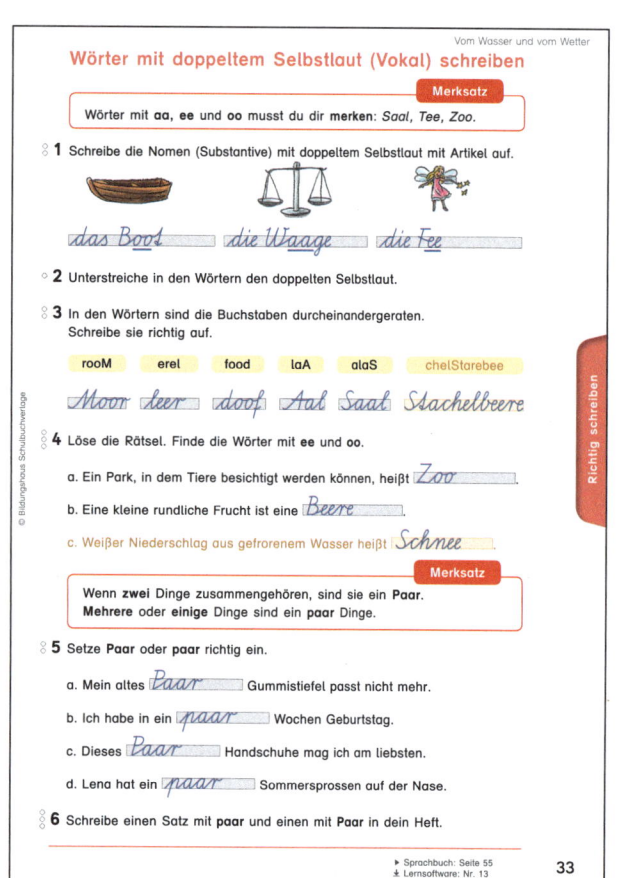

das Boot   *die Waage*   *die Fee*

2 Unterstreiche in den Wörtern den doppelten Selbstlaut.

3 In den Wörtern sind die Buchstaben durcheinandergeraten.
Schreibe sie richtig auf.

| rooM | erel | food | laA | alaS | chelStarebee |

Moor   *leer*   *doof*   *Aal*   *Saal*   *Stachelbeere*

4 Löse die Rätsel. Finde die Wörter mit **ee** und **oo**.

a. Ein Park, in dem Tiere besichtigt werden können, heißt *Zoo*

b. Eine kleine rundliche Frucht ist eine *Beere*

c. Weißer Niederschlag aus gefrorenem Wasser heißt *Schnee*

Merksatz

Wenn **zwei** Dinge zusammengehören, sind sie ein **Paar**.
Mehrere oder **einige** Dinge sind ein **paar** Dinge.

5 Setze **Paar** oder **paar** richtig ein.

a. Mein altes *Paar* Gummistiefel passt nicht mehr.

b. Ich habe in ein *paar* Wochen Geburtstag.

c. Dieses *Paar* Handschuhe mag ich am liebsten.

d. Lena hat ein *paar* Sommersprossen auf der Nase.

6 Schreibe einen Satz mit **paar** und einen mit **Paar** in dein Heft.

Richtig schreiben

▸ Sprachbuch: Seite 55
✎ Lernsoftware: Nr. 13

33

34

Nomen (Substantive) zusammensetzen

Merksatz

Viele **Nomen** (Substantive) kann man **zusammensetzen**.
Aus das Gewitter und die Wolke wird die Gewitterwolke.
Der zweite Teil eines zusammengesetzten Nomens (Substantivs)
heißt Grundwort: Eine Gewitterwolke ist vor allem eine Wolke.
Der **erste** Teil heißt Bestimmungswort.
Es bestimmt das Grundwort näher:
Eine Gewitterwolke ist eine ganz bestimmte Wolke.

1 In der Wörterschlange haben sich zusammengesetzte Nomen (Substantive)
versteckt. Trenne sie mit einem Strich und schreibe sie mit Artikel auf.

EISBÄR|BAUERNREGEL|SCHNEEBALL|GLATTEIS|WETTERBERICHT

der Eisbär, die Bauernregel, der Schneeball,
das Glatteis, der Wetterbericht

2 Unterstreiche in den zusammengesetzten Nomen (Substantiven)
das Bestimmungswort blau und das Grundwort grün.

3 Löse die Bilderrätsel. Schreibe die zusammengesetzten Nomen
(Substantive) mit Artikel auf.

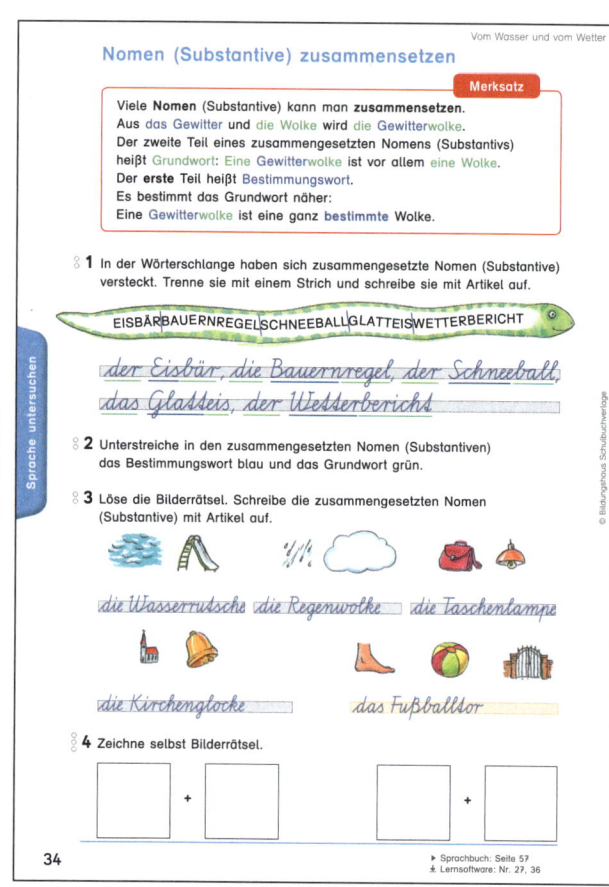

die Wasserrutsche   *die Regenwolke*   *die Taschenlampe*

die Kirchenglocke   *das Fußballtor*

4 Zeichne selbst Bilderrätsel.

| | + | | | + | |

Sprache untersuchen

▸ Sprachbuch: Seite 57
✎ Lernsoftware: Nr. 27, 36

Zusammengesetzte Nomen (Substantive) üben

Merksatz

Beim Zusammensetzen von Nomen (Substantiven)
richtet sich der Artikel immer nach dem Grundwort:
das Gewitter + die Wolke = die Gewitterwolke

1 Bilde zusammengesetzte Nomen (Substantive) mit dem Wort **Wasser**.

Grund   Regen   Schmutz → Wasser ← Fall   Flasche   Glas

das Grundwasser   *der Wasserfall*
das Regenwasser   *die Wasserflasche*
das Schmutzwasser   *das Wasserglas*

2 Unterstreiche bei den Wörtern von Aufgabe 1 den Artikel und das Grundwort.

Merksatz

Manchmal müssen beim **Zusammensetzen** von **Nomen** (Substantiven)
Buchstaben eingefügt oder weggelassen werden:
die Geburt + der Tag = der Geburtstag
die Schule + der Tag = der Schultag

3 Setze die Nomen (Substantive) zusammen und schreibe sie mit Artikel auf.
Achte auf Buchstaben, die du einfügen oder weglassen musst!

Sterne	Himmel	*der Sternenhimmel*
Esel	Ohr	*das Eselsohr*
Schule	Buch	*das Schulbuch*
Liebe	Brief	*der Liebesbrief*
Schlitten	Schuh	*der Schlittschuh*
Geburtstag		*das Geburtstagsgeschenk*

Sprache untersuchen

▸ Sprachbuch: Seite 58
✎ Lernsoftware: Nr. 27, 36

35

36

Artikel – Adjektiv – Nomen (Substantiv) verwenden

Merksatz

Manchmal steht ein **Adjektiv** zwischen dem **Artikel**
und dem **Nomen** (Substantiv):

| Artikel | Adjektiv | Nomen (Substantiv) |
| *die* | *gelbe* | *Jacke* |

Der Artikel gehört zum Nomen (Substantiv).
Das Adjektiv schreibt man klein.

1 Setze die Adjektive und Nomen (Substantive)
in die Lücken ein.
Achte auf die Groß- und Kleinschreibung!

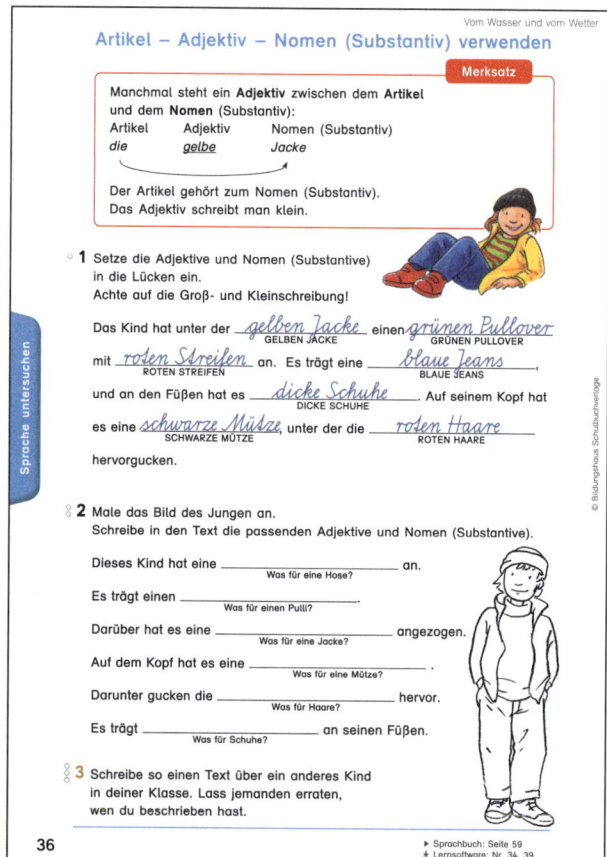

Das Kind hat unter der *gelben Jacke* _{GELBEN JACKE} einen *grünen Pullover* _{GRÜNEN PULLOVER}
mit *roten Streifen* _{ROTEN STREIFEN} an. Es trägt eine *blaue Jeans* _{BLAUE JEANS},
und an den Füßen hat es *dicke Schuhe* _{DICKE SCHUHE}. Auf seinem Kopf hat
es eine *schwarze Mütze* _{SCHWARZE MÜTZE}, unter der die *roten Haare* _{ROTEN HAARE}
hervorgucken.

2 Male das Bild des Jungen an.
Schreibe in den Text die passenden Adjektive und Nomen (Substantive).

Dieses Kind hat eine _____ an.
_{Was für eine Hose?}

Es trägt einen _____.
_{Was für einen Pulli?}

Darüber hat es eine _____ angezogen.
_{Was für eine Jacke?}

Auf dem Kopf hat es eine _____.
_{Was für eine Mütze?}

Darunter gucken die _____ hervor.
_{Was für Haare?}

Es trägt _____ an seinen Füßen.
_{Was für Schuhe?}

3 Schreibe so einen Text über ein anderes Kind
in deiner Klasse. Lass jemanden erraten,
wen du beschrieben hast.

Sprache untersuchen

▸ Sprachbuch: Seite 59
✎ Lernsoftware: Nr. 34, 39

© Bildungshaus Schulbuchverlage

Ein Rondell kennenlernen und schreiben

1 Lies das Rondell und vervollständige die Anleitung.

Regen
1 Er fällt vom Himmel.
2 Ich springe in die Pfützen.
3 Die Wolken werden dunkler.
4 Er fällt vom Himmel.
5 Meine Schuhe sind nass.
6 Die Sonne hat sich versteckt.
7 Er fällt vom Himmel.
8 Ich springe in die Pfützen.

Anleitung – Rondell schreiben
Ein Rondell ist ein Gedicht
aus __8__ **Zeilen**.
In jeder __Zeile__ steht **ein Satz**.
In der 1., 4. und __7.__ **Zeile** steht
der **gleiche Satz**.
Auch die __2.__ **und 8. Zeile** sind
immer **gleich**.
In der __Überschrift__ steht,
worum es geht.

2 Vervollständige das Rondell. Beachte die Anleitung!

Das Unwetter
1 *Es stürmt.*
2 *Die Blätter wehen im Wind.*
3 *Plötzlich erfasst mich ein Windstoß.*
4 *Es stürmt.*
5 *Meine Mütze fliegt durch die Luft.*
6 *Ich kann sie gerade noch auffangen.*
7 *Es stürmt.*
8 *Die Blätter wehen im Wind.*

3 Schreibe ein eigenes Rondell in dein Heft. Sammle zuerst Überschriften:

Gewitter, Advent, Laternen,
In der Stadt, Ferien, ...

Was kann ich nun?

Teste dich selbst. Bearbeite die folgenden Aufgaben.
Schau dann auf Seite 81 nach, ob du sie richtig gelöst hast.
Male in die Kreise: Die Aufgabe war leicht ☺, mittel ☺, schwer ☺.

1 Setze die Wortbausteine so zusammen,
dass zwei gleiche Buchstaben aufeinandertreffen.

weg	sehen	*weggehen*		vor	leicht	*vielleicht*
aus	gehen	*aussehen*		Schiff	rechnen	*Schifffahrt*
ab	raten	*abbiegen*		Eis	Fahrt	*Eisscholle*
ver	biegen	*verraten*		viel	Scholle	*vorrechnen*

2 Bilde zusammengesetzte Nomen (Substantive). Schreibe sie mit Artikel auf.

Segel
Schlauch 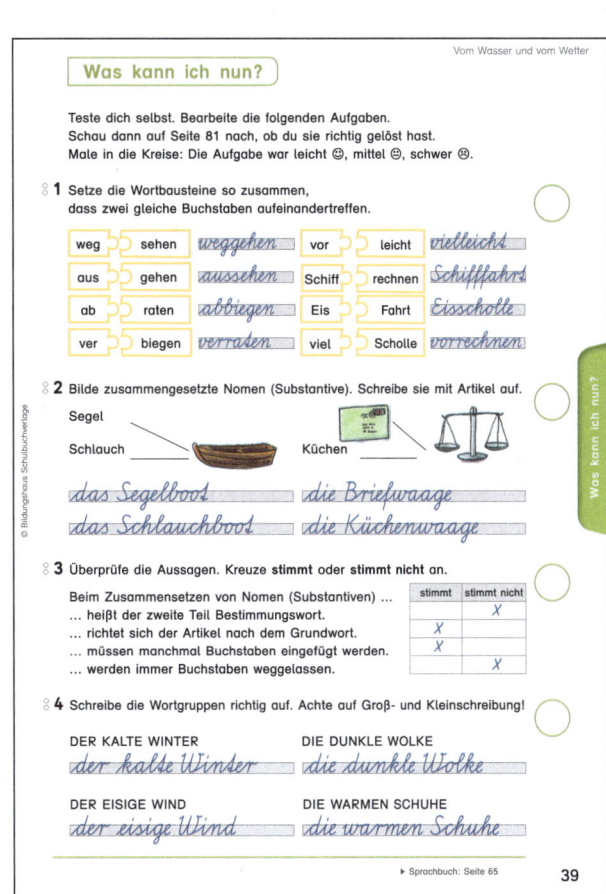 Küchen

das Segelboot   die Briefwaage
das Schlauchboot   die Küchenwaage

3 Überprüfe die Aussagen. Kreuze **stimmt** oder **stimmt nicht** an.

	stimmt	stimmt nicht
Beim Zusammensetzen von Nomen (Substantiven) …		
… heißt der zweite Teil Bestimmungswort.		X
… richtet sich der Artikel nach dem Grundwort.	X	
… müssen manchmal Buchstaben eingefügt werden.	X	
… werden immer Buchstaben weggelassen.		X

4 Schreibe die Wortgruppen richtig auf. Achte auf Groß- und Kleinschreibung!

DER KALTE WINTER
der kalte Winter

DIE DUNKLE WOLKE
die dunkle Wolke

DER EISIGE WIND
der eisige Wind

DIE WARMEN SCHUHE
die warmen Schuhe

Lösungen

Wörter mit ä und äu ableiten

Merksatz

Wenn du nicht weißt, wie ein Wort geschrieben wird,
überlege, ob du ein **verwandtes** Wort kennst:
die Wälder – der Wald, er fängt – fangen, härter – hart,
die Bäume – der Baum, sie läuft – laufen, häufig – der Haufen.

1 Welche Bildwörter mit **a** und **au** entdeckst du?

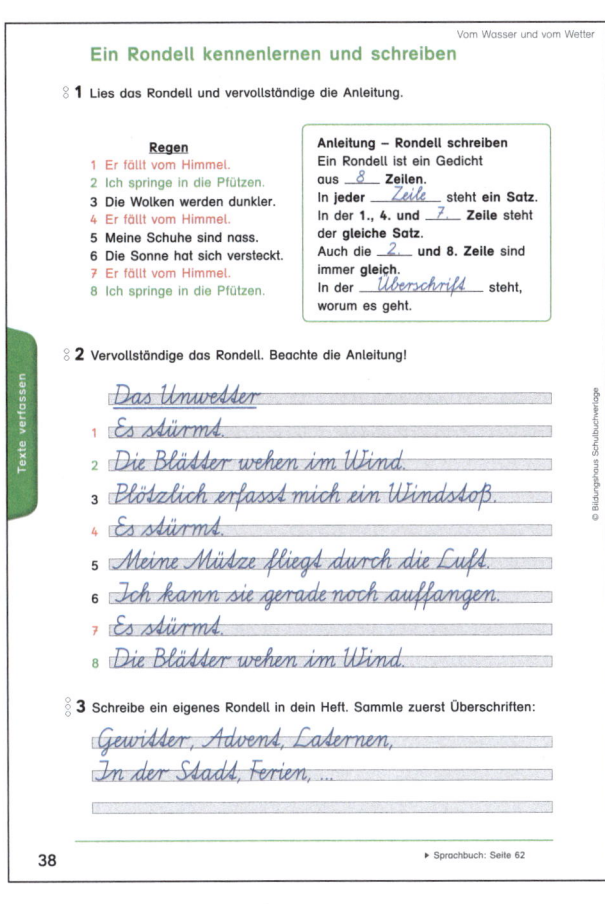

2 Schreibe die Bildwörter in der Einzahl und der Mehrzahl mit Artikel auf.
Du kannst ein Wörterverzeichnis nutzen: *das Haus – die Häuser, …*

das Rad – die Räder, die Bank – die Bänke,
der Baum – die Bäume, der Strauch – die Sträucher,
der Mann – die Männer, der Zaun – die Zäune,
der Wald – die Wälder, die Maus – die Mäuse

3 Schreibe die Verben in einer gebeugten Form mit **er** auf.

lassen   laufen   wachsen   fahren   fangen   schlafen
saufen   fallen   graben   halten   anfangen

er lässt, er läuft, er wächst, er fährt,
er fängt, er schläft, er säuft, er fällt,
er gräbt, er hält, er fängt an

4 Setze ä oder e ein.

der Jä̱ger   e̱ndlich   wä̱hlen   fernse̱hen   quä̱len
aufwe̱cken   gefä̱hrlich   ernä̱hren   das Geschä̱ft   die Be̱rge

5 Schreibe nur die Wörter, die mit ä geschrieben werden,
mit einem verwandten Wort in dein Heft: *der Jäger – jagen, …*

Wörter mit ck und tz schreiben

Merksatz

Nach einem **kurzen Selbstlaut** (Vokal) schreibt man **ck** oder **tz**.
Wörter mit **ck** werden genauso getrennt wie Wörter mit **ch**:
ba-cken wie ma-chen, Stri-cke wie Stri-che.
Wörter mit **tz** werden zwischen dem t und dem z getrennt:
sit-zen, Sät-ze.

1 Schreibe die Reimwörter mit Trennstrichen auf:

Flo-cken Rö-cke De-cken Za-cken Rü-cken
So-cken Stö-cke Schne-cken Ja-cken Lü-cken
Lo-cken Blö-cke re-cken ba-cken brü-cken
lo-cken Pflö-cke we-cken pa-cken rü-cken

2 Schreibe die Paare mit Trennstrichen auf:
schmut-zig, ver-schmut-zen, …

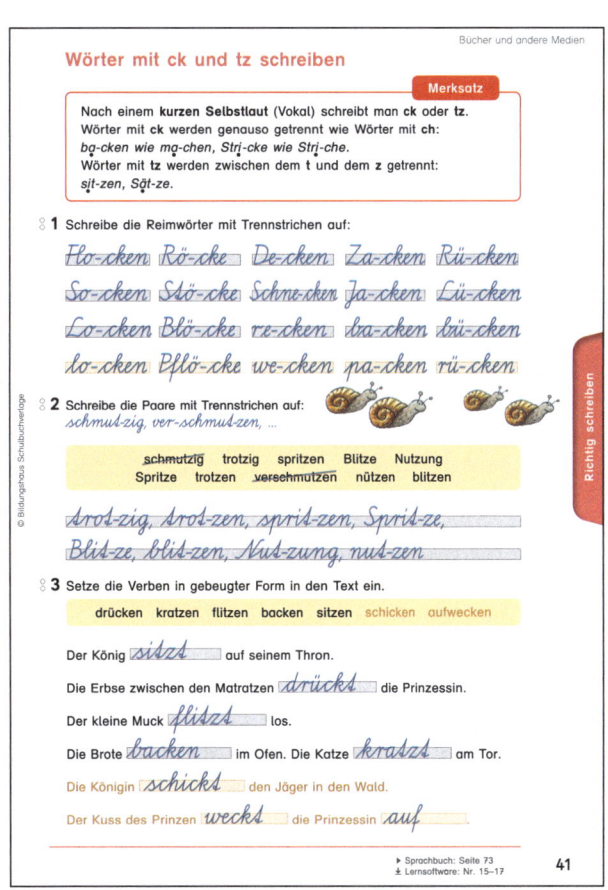

schmutzig   trotzig   spritzen   Blitze   Nutzung
Spritze   trotzen   verschmutzen   nützen   blitzen

trot-zig, trot-zen, sprit-zen, Sprit-ze,
Blit-ze, blit-zen, Nut-zung, nut-zen

3 Setze die Verben in gebeugter Form in den Text ein.

drücken   kratzen   flitzen   backen   sitzen   schicken   aufwecken

Der König *sitzt* auf seinem Thron.
Die Erbse zwischen den Matratzen *drückt* die Prinzessin.
Der kleine Muck *flitzt* los.
Die Brote *backen* im Ofen. Die Katze *kratzt* am Tor.
Die Königin *schickt* den Jäger in den Wald.
Der Kuss des Prinzen *weckt* die Prinzessin *auf*.

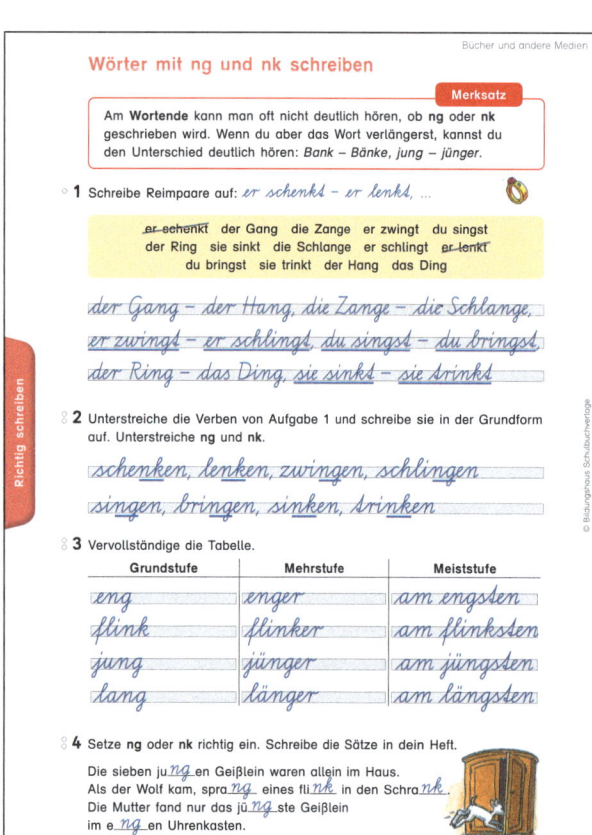

Wörter mit ng und nk schreiben

Merksatz

Am **Wortende** kann man oft nicht deutlich hören, ob **ng** oder **nk** geschrieben wird. Wenn du aber das Wort verlängerst, kannst du den Unterschied deutlich hören: *Bank – Bänke, jung – jünger.*

1 Schreibe Reimpaare auf: *er schenkt – er lenkt, …*

~~er schenkt~~ der Gang die Zange er zwingt du singst
der Ring sie sinkt die Schlange er schlingt ~~er lenkt~~
du bringst sie trinkt der Hang das Ding

der Gang – der Hang, die Zange – die Schlange,
er zwingt – er schlingt, du singst – du bringst,
der Ring – das Ding, sie sinkt – sie trinkt

2 Unterstreiche die Verben von Aufgabe 1 und schreibe sie in der Grundform auf. Unterstreiche ng und nk.

schenken, lenken, zwingen, schlingen
singen, bringen, sinken, trinken

3 Vervollständige die Tabelle.

Grundstufe	Mehrstufe	Meiststufe
eng	*enger*	*am engsten*
flink	*flinker*	*am flinksten*
jung	*jünger*	*am jüngsten*
lang	*länger*	*am längsten*

4 Setze **ng** oder **nk** richtig ein. Schreibe die Sätze in dein Heft.

Die sieben ju*ng*en Geißlein waren allein im Haus.
Als der Wolf kam, spra*ng* eines fli*nk* in den Schra*nk*.
Die Mutter fand nur das jü*ng*ste Geißlein
im e*ng*en Uhrenkasten.

42

▶ Sprachbuch: Seite 74

Verben erkennen und verwenden

Merksatz

In jedem Satz gibt es mindestens ein Wort, das sagt, was **jemand tut** oder was **passiert**. Solche Wörter nennt man **Verben**: *lesen, regnen.*

1 Unterstreiche die Verben in den Sätzen. Schreibe die Grundform auf.

Der Wolf <u>frisst</u> sechs Geißlein. → *fressen*

Frau Holle <u>belohnt</u> das fleißige Mädchen. → *belohnen*

Die Königstochter <u>verkauft</u> Töpfe auf dem Markt. → *verkaufen*

<u>Schläft</u> Dornröschen hundert Jahre lang? → *schlafen*

Aschenputtel <u>ist</u> traurig. → *sein*

Merksatz

Es gibt auch Verben, die aus mehreren **Wortbausteinen** bestehen: *vorlesen, abschreiben.*
Im Satz schiebt sich dann oft der erste Wortbaustein an das Satzende:
Die Lehrerin <u>liest</u> eine Geschichte <u>vor</u>. Die Kinder <u>schreiben</u> einen Satz <u>ab</u>.

2 Markiere die 5 Verben im Suchsel. Schreibe sie auf.

A	B	C	D	T	E	E	N	M	S	O
B	E	A	N	T	W	O	R	T	E	N
C	B	E	R	I	C	H	T	E	N	M
D	Q	Ü	P	N	E	N	N	E	N	O
E	V	O	R	S	T	E	L	L	E	N
F	H	A	B	E	N	O	D	D	I	P

beantworten
berichten
nennen
vorstellen
haben

3 Setze die Verben aus dem Suchsel in der gebeugten Form ein.

Heute *stellt* jeder sein Lieblingsbuch *vor*.

Zuerst *nenne* ich den Titel und den Autor.

Danach *berichte* ich etwas über den Inhalt des Buches.

Wenn jemand Fragen *hat*, *beantworte* ich diese.

▶ Sprachbuch: Seite 75, 76
⚐ Lernsoftware: Nr. 40

43

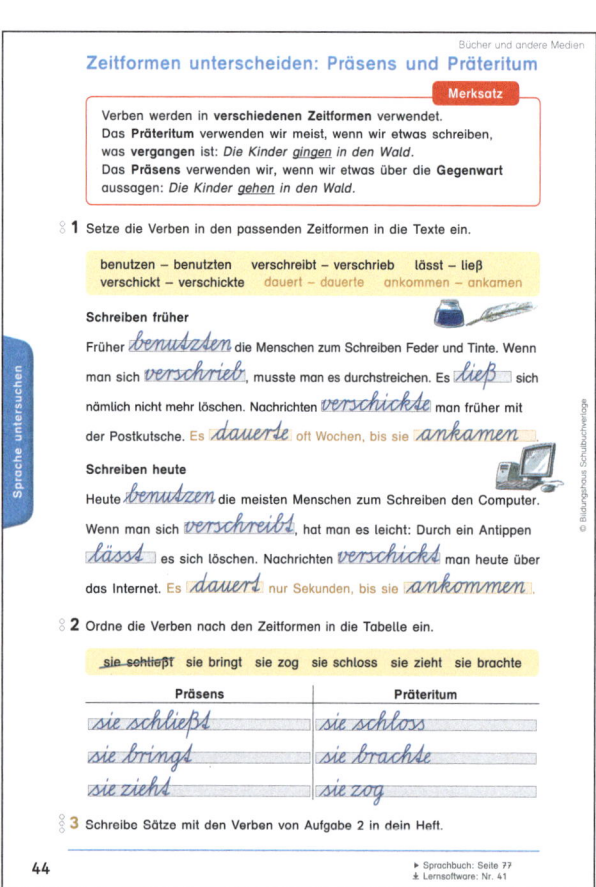

Zeitformen unterscheiden: Präsens und Präteritum

Merksatz

Verben werden in **verschiedenen Zeitformen** verwendet.
Das **Präteritum** verwenden wir meist, wenn wir etwas schreiben, was **vergangen** ist: *Die Kinder <u>gingen</u> in den Wald.*
Das **Präsens** verwenden wir, wenn wir etwas über die **Gegenwart** aussagen: *Die Kinder <u>gehen</u> in den Wald.*

1 Setze die Verben in den passenden Zeitformen in die Texte ein.

benutzen – benutzten   verschreibt – verschrieb   lässt – ließ
verschickt – verschickte   dauert – dauerte   ankommen – ankamen

Schreiben früher

Früher *benutzten* die Menschen zum Schreiben Feder und Tinte. Wenn man sich *verschrieb*, musste man es durchstreichen. Es *ließ* sich nämlich nicht mehr löschen. Nachrichten *verschickte* man früher mit der Postkutsche. Es *dauerte* oft Wochen, bis sie *ankamen*.

Schreiben heute

Heute *benutzen* die meisten Menschen zum Schreiben den Computer. Wenn man sich *verschreibt*, hat man es leicht: Durch ein Antippen *lässt* es sich löschen. Nachrichten *verschickt* man heute über das Internet. Es *dauert* nur Sekunden, bis sie *ankommen*.

2 Ordne die Verben nach den Zeitformen in die Tabelle ein.

~~sie schließt~~ sie bringt sie zog sie schloss sie zieht sie brachte

Präsens	Präteritum
sie schließt	*sie schloss*
sie bringt	*sie brachte*
sie zieht	*sie zog*

3 Schreibe Sätze mit den Verben von Aufgabe 2 in dein Heft.

44

▶ Sprachbuch: Seite 77
⚐ Lernsoftware: Nr. 41

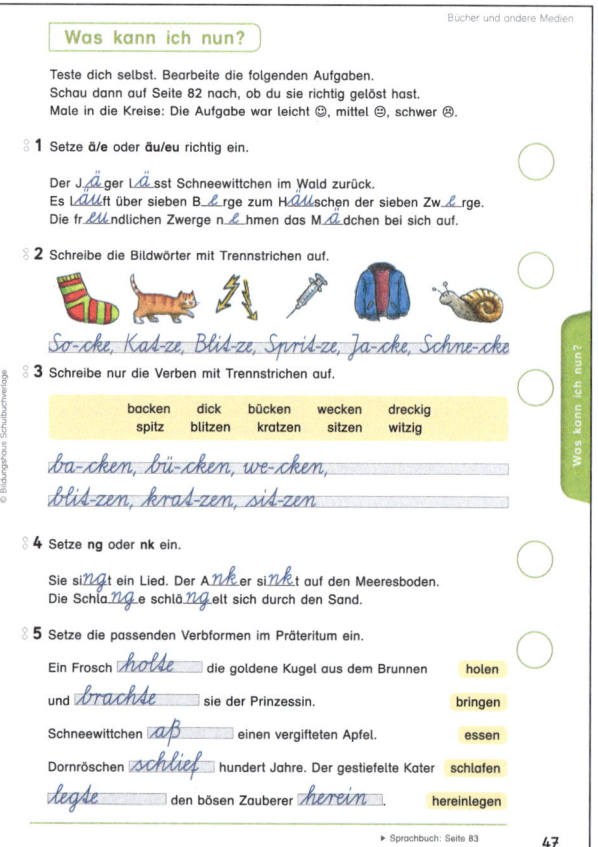

Was kann ich nun?

Teste dich selbst. Bearbeite die folgenden Aufgaben.
Schau dann auf Seite 82 nach, ob du sie richtig gelöst hast.
Male in die Kreise: Die Aufgabe war leicht ☺, mittel ☺, schwer ☹.

1 Setze **ä/e** oder **äu/eu** richtig ein.

Der J*ä*ger l*ä*sst Schneewittchen im Wald zurück.
Es l*äu*ft über sieben B*e*rge zum H*äu*schen der sieben Zw*e*rge.
Die fr*eu*ndlichen Zwerge n*e*hmen das M*ä*dchen bei sich auf.

2 Schreibe die Bildwörter mit Trennstrichen auf.

So-cke, Kat-ze, Blit-ze, Sprit-ze, Ja-cke, Schne-cke

3 Schreibe nur die Verben mit Trennstrichen auf.

backen	dick	bücken	wecken	dreckig
spitz	blitzen	kratzen	sitzen	witzig

ba-cken, bü-cken, we-cken,
blit-zen, krat-zen, sit-zen

4 Setze **ng** oder **nk** ein.

Sie si*ng*t ein Lied. Der A*nk*er si*nk*t auf den Meeresboden.
Die Schla*ng*e schlä*ng*elt sich durch den Sand.

5 Setze die passenden Verbformen im Präteritum ein.

Ein Frosch *holte* die goldene Kugel aus dem Brunnen [holen]

und *brachte* sie der Prinzessin. [bringen]

Schneewittchen *aß* einen vergifteten Apfel. [essen]

Dornröschen *schlief* hundert Jahre. Der gestiefelte Kater [schlafen]

legte den bösen Zauberer *herein*. [hereinlegen]

▶ Sprachbuch: Seite 83

47

Wörter mit i und ih merken

Merksatz

In einigen Wörtern wird das **lange** i nicht mit **ie**,
sondern nur mit **i** oder **ih** geschrieben: *dir, ihr, mir, ihnen, gibt*.
Diese Wörter musst du dir merken.

1 Markiere im Suchsel die Wörter mit i.

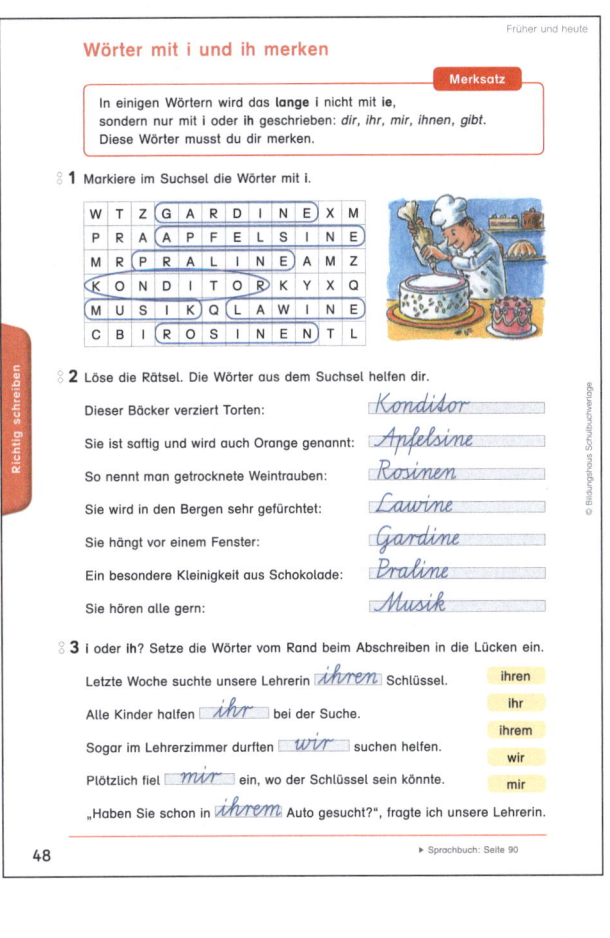

W	T	Z	G	A	R	D	I	N	E	X	M
P	R	A	A	P	F	E	L	S	I	N	E
M	R	P	R	A	L	I	N	E	A	M	Z
K	O	N	D	I	T	O	R	K	Y	X	Q
M	U	S	I	K	Q	L	A	W	I	N	E
C	B	I	R	O	S	I	N	E	N	T	L

2 Löse die Rätsel. Die Wörter aus dem Suchsel helfen dir.

Dieser Bäcker verziert Torten:	*Konditor*
Sie ist saftig und wird auch Orange genannt:	*Apfelsine*
So nennt man getrocknete Weintrauben:	*Rosinen*
Sie wird in den Bergen sehr gefürchtet:	*Lawine*
Sie hängt vor einem Fenster:	*Gardine*
Ein besondere Kleinigkeit aus Schokolade:	*Praline*
Sie hören alle gern:	*Musik*

3 i oder ih? Setze die Wörter vom Rand beim Abschreiben in die Lücken ein.

Letzte Woche suchte unsere Lehrerin *ihren* Schlüssel. — **ihren**

Alle Kinder halfen *ihr* bei der Suche. — **ihr**

Sogar im Lehrerzimmer durften *wir* suchen helfen. — **ihrem**, **wir**

Plötzlich fiel *mir* ein, wo der Schlüssel sein könnte. — **mir**

„Haben Sie schon in *ihrem* Auto gesucht?", fragte ich unsere Lehrerin.

48 ▸ Sprachbuch: Seite 90

Zeichen der wörtlichen Rede setzen 1

Merksatz

Meist steht vor dem Redesatz ein **Begleitsatz**
mit Doppelpunkt: *Simon ruft: „..."*
Dann folgt der **Redesatz.**
Er steht immer in **„Anführungszeichen"** (Redezeichen).
Punkt, Frage- und **Ausrufezeichen** gehören zum **Redesatz:**
„Gib mir auch mal den Ball!"

1 Lies den Text.

Zweifelderball

Die Kinder spielen Zweifelderball.

Simon ruft: „Gib mir auch mal den Ball!"

Niklas sagt: Ich kann besser treffen.

Niklas trifft Jakob tatsächlich.

Er schreit: Ich habe ihn getroffen!

Jakob protestiert: Der Ball hat mich überhaupt nicht berührt!

Lara sagt: Ich habe es gesehen. Der Ball hat dich gestreift.

2 Unterstreiche zuerst in den Sätzen, was jemand sagt.

3 Setze die Doppelpunkte und Anführungszeichen.

4 Unterstreiche die Begleitsätze.

Und so geht die Geschichte weiter:

Frau Meier ist Schiedsrichterin.

Sie sagt: Jakob, du musst raus. Niklas hat dich abgeworfen.

Jakob meckert: Das ist ungerecht!

Dann geht er doch.

Die Lehrerin sagt: Es muss gerecht zugehen!

5 Setze die Doppelpunkte und Anführungszeichen.

49 ▸ Sprachbuch: Seite 91
⸋ Lernsoftware: Nr. 45

Zeichen der wörtlichen Rede setzen 2

Merksatz

Punkt, Frage- und **Ausrufezeichen** sind Satzschlusszeichen.
Sie gehören zum **Redesatz.**
Die **Anführungszeichen** stehen immer **hinter** dem Satzschlusszeichen:
Er sagt: „Passt auf!"

1 Setze alle Zeichen der wörtlichen Rede.
Setze die Anführungszeichen und die Satzschlusszeichen ein.

Jetzt wird es spannend:

Dann bekommt Niklas den Ball zugeworfen.

Er sagt: Passt auf, was ich jetzt mache!

Dann wirft er den Ball direkt in die Arme von Paula.

Paula ruft: Ich hab ihn!

Niklas sagt: Schade! Ich wollte dich doch abwerfen!

Doch die lacht: Ich habe ihn aber gefangen!

Und dann schmettert sie den Ball Niklas gegen die Beine.

Der ruft: Aua!

2 Hier fehlen nun alle Zeichen der wörtlichen Rede: die Doppelpunkte,
die Punkte, die Ausrufezeichen, die Fragezeichen und auch
die Anführungszeichen. Setze alle Zeichen richtig ein.
Am besten ist es, wenn du hier erst unterstreichst, was einer sagt.

Das Ende des Spiels:

Paula lacht: „Siehst du, das hast du davon."

Natürlich muss nun auch Niklas raus.

Aber er ruft noch: „Im nächsten Spiel werfe ich dich ab!"

Aber Paula lacht nur und antwortet:

„Da musst du aber aufpassen, dass ich den Ball nicht wieder fange!"

Zum Schluss hat Paulas Mannschaft gewonnen.

3 Lest in verteilten Rollen.

50 ▸ Sprachbuch: Seite 91
⸋ Lernsoftware: Nr. 45

Satzglieder umstellen – Texte verbessern

Merksatz

Teile des Satzes, die man bei einer **Umstellprobe** an den Satzanfang
umstellen kann, heißen **Satzglieder**. Satzglieder können aus einem
einzelnen Wort oder aus **mehreren Wörtern** bestehen.

1 Stelle die Satzglieder in den Kästen an den Satzanfang.
Manchmal musst du selbst überlegen,
welches Satzglied am Anfang besser passt.
Es gibt dann mehrere Möglichkeiten.
Umstellproben können dir helfen,
den Text zu verbessern.

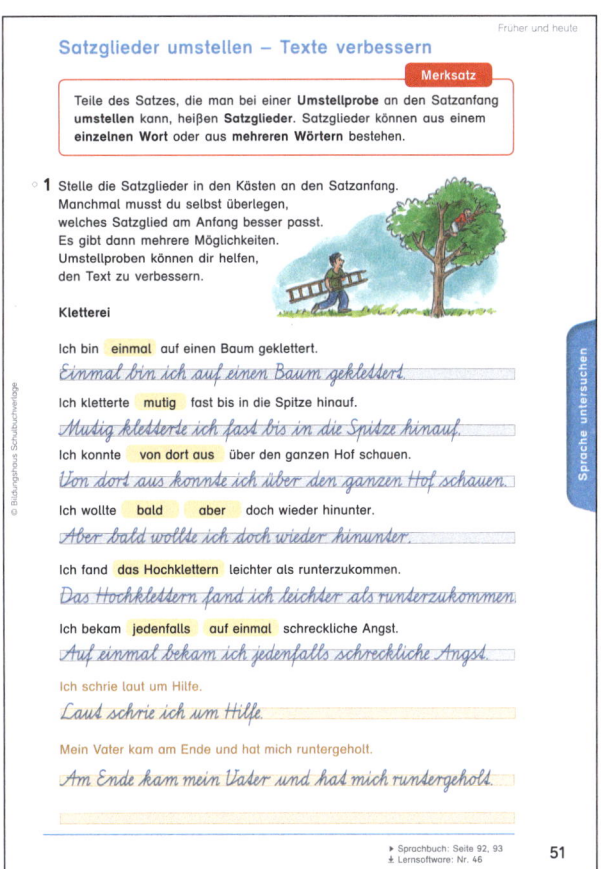

Kletterei

Ich bin **einmal** auf einen Baum geklettert.
Einmal bin ich auf einen Baum geklettert.

Ich kletterte **mutig** fast bis in die Spitze hinauf.
Mutig kletterte ich fast bis in die Spitze hinauf.

Ich konnte **von dort aus** über den ganzen Hof schauen.
Von dort aus konnte ich über den ganzen Hof schauen.

Ich wollte **bald aber** doch wieder hinunter.
Aber bald wollte ich doch wieder hinunter.

Ich fand **das Hochklettern** leichter als runterzukommen.
Das Hochklettern fand ich leichter als runterzukommen.

Ich bekam **jedenfalls auf einmal** schreckliche Angst.
Auf einmal bekam ich jedenfalls schreckliche Angst.

Ich schrie laut um Hilfe.
Laut schrie ich um Hilfe.

Mein Vater kam am Ende und hat mich runtergeholt.
Am Ende kam mein Vater und hat mich runtergeholt.

51 ▸ Sprachbuch: Seite 92, 93
⸋ Lernsoftware: Nr. 46

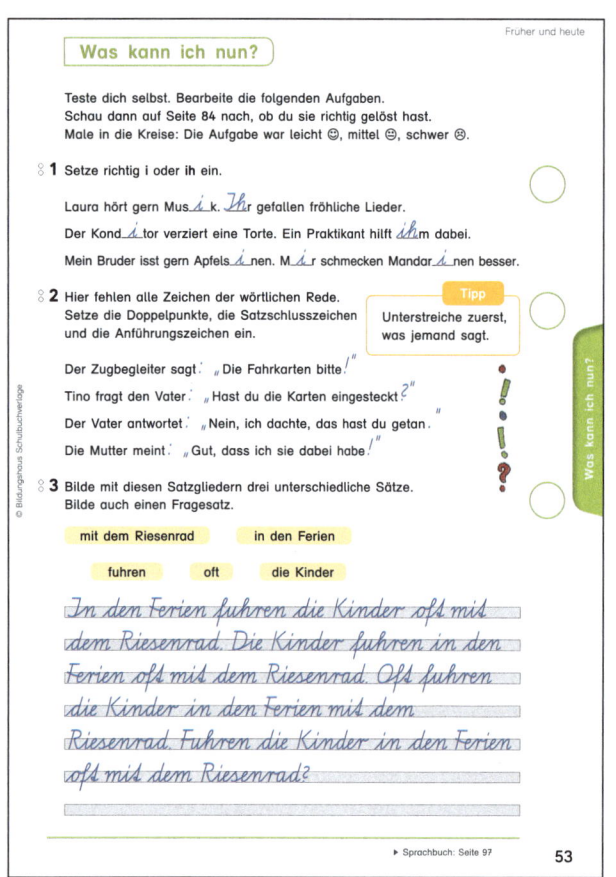

Was kann ich nun?

Teste dich selbst. Bearbeite die folgenden Aufgaben.
Schau dann auf Seite 84 nach, ob du sie richtig gelöst hast.
Male in die Kreise: Die Aufgabe war leicht ☺, mittel ☺, schwer ☹.

1 Setze richtig **i** oder **ih** ein.

Laura hört gern Mus*i*k. *Ihr* gefallen fröhliche Lieder.

Der Kond*i*tor verziert eine Torte. Ein Praktikant hilft *ihm* dabei.

Mein Bruder isst gern Apfels*i*nen. M*ir* schmecken Mandar*i*nen besser.

2 Hier fehlen alle Zeichen der wörtlichen Rede.
Setze die Doppelpunkte, die Satzschlusszeichen und die Anführungszeichen ein.

Tipp
Unterstreiche zuerst, was jemand sagt.

Der Zugbegleiter sagt*:* „Die Fahrkarten bitte*!*"

Tino fragt den Vater*:* „Hast du die Karten eingesteckt*?*"

Der Vater antwortet*:* „Nein, ich dachte, das hast du getan."

Die Mutter meint*:* „Gut, dass ich sie dabei habe*!*"

3 Bilde mit diesen Satzgliedern drei unterschiedliche Sätze.
Bilde auch einen Fragesatz.

mit dem Riesenrad	in den Ferien
fuhren	oft	die Kinder

In den Ferien fuhren die Kinder oft mit dem Riesenrad. Die Kinder fuhren in den Ferien oft mit dem Riesenrad. Oft fuhren die Kinder in den Ferien mit dem Riesenrad. Fuhren die Kinder in den Ferien oft mit dem Riesenrad?

Wörter mit ss und ß unterscheiden 1

Merksatz
Auf einen **kurzen Selbstlaut** (Vokal) folgt **ss**:
Tasse, Schlüssel, vergessen.
Auf einen **langen Selbstlaut** (Vokal) oder auf einen **Zwielaut**
(au, äu, ei, eu, ie) folgt **ß**: *Straße, schließen, vergaß.*

1 Sprich die Wörter deutlich.
Setze unter die langen Selbstlaute und die Zwielaute einen Strich,
unter die kurzen Selbstlaute einen Punkt.

Nüsse	Straße	Kissen	Flüsse	besser	Schlüssel
außen	Späße	fleißig	Süßigkeiten	Flüssigkeit	äußerlich

2 Schreibe die Wörter geordnet mit Trennstrichen auf.

Wörter mit ss

Nüs-se, Kis-sen, Flüs-se, bes-ser, Schlüs-sel, Flüs-sig-keit

Wörter mit ß

Stra-ße, au-ßen, Spä-ße, flei-ßig, Sü-ßig-keit, äu-ßer-lich

3 Bilde Reimwörter. Schreibe die Wörter auf.

beißen	gießen	lassen	Schloss
heißen	fließen	fassen	Ross
reißen	sprießen	passen	Spross
		prassen	Tross

4 Schreibe mit den Reimwörtern kleine Verse oder Gedichte in dein Heft.

Wörter mit ss und ß unterscheiden 2

1 Sprich die Wörter deutlich aus. Achte auf den Selbstlaut!

2 Ordne die Bildwörter in eine Tabelle ein.

Wörter mit ss	Wörter mit ß
Tasse	*Floß*
Schlüssel	*Kloß*
Messer	*Gießkanne*

3 Markiere im Suchsel die 6 Wörter mit **ss** oder **ß**.
Schreibe die Wörter geordnet auf. Achte auf die Groß- und Kleinschreibung!

a	s	w	e	r	m	o	x	i
s	c	h	l	i	e	ß	e	n
z	h	ö	q	r	i	p	w	b
v	l	ä	b	o	g	e	o	s
c	ö	r	g	i	e	ß	e	n
l	s	v	p	w	s	r	i	c
t	s	z	p	a	s	s	e	n
w	e	i	ß	u	e	k	x	p
r	r	u	z	j	n	p	l	y

Wörter mit ss:

essen
passen
Schlösser

Wörter mit ß:

schließen
weiß
gießen

4 Schreibe die richtigen Verbformen auf.

essen:	*er isst*	müssen:	*du musst*
grüßen:	*ihr grüßt*	heißen:	*es heißt*
beißen:	*er beißt*	schließen:	*ich schließe*
messen:	*du misst*	gießen:	*ich gieße*
vergessen:	*du vergisst*	lassen:	*du lässt*
passen:	*es passt*	stoßen:	*es stößt*

Subjekt und Prädikat kennenlernen: das Subjekt

Merksatz
Sätze haben ein **Subjekt** und ein **Prädikat**.
Das **Subjekt** sagt aus, **wer** etwas tut oder **was** geschieht.
Man kann das Subjekt erfragen: **Wer tut etwas? Was geschieht?**
Das Subjekt besteht aus einem oder **mehreren Wörtern**.
Der Bauer erntet. *Das volle Glas* fällt um.

1 Lies die Sätze und schreibe die Frage nach dem Subjekt auf.

Jedes Kind putzt sich regelmäßig die Zähne.

Frage: *Wer putzt sich regelmäßig die Zähne?*

Eine Zahnbürste hilft uns dabei.

Frage: *Wer hilft uns dabei?*

Unsere Zähne sollen lange halten.

Frage: *Wer soll lange halten?*

In unsere Schule kommt jedes Jahr der Zahnarzt.

Frage: *Wer kommt jedes Jahr in unsere Schule?*

Er kontrolliert ganz genau unsere Zähne.

Frage: *Wer kontrolliert ganz genau unsere Zähne?*

2 Unterstreiche in jedem Satz das Subjekt einmal.

3 Lies die Sätze.

Tina isst am liebsten Obst.

Besonders gesund ist der Apfel.

Er enthält viele Vitamine.

Im Garten steht ein Apfelbaum.

Oma erntet die Äpfel im Herbst.

Wer isst am liebsten Obst?

4 Erfrage das Subjekt und unterstreiche es.

Subjekt und Prädikat kennenlernen: das Prädikat

Merksatz

Sätze haben ein **Subjekt** und ein **Prädikat**.
Das **Prädikat** sagt aus, was **jemand tut** oder was **geschieht**.
Man kann das Prädikat erfragen: *Was tut jemand? Was geschieht?*
Das Prädikat besteht aus **einem** oder **mehreren Wörtern**.
Der Bauer erntet. Das Glas fällt um.

1 Lies die Sätze.

Opa backt einen Kuchen. Er misst die Zutaten ab.

Danach gibt er alles in eine Schüssel. Opa verrührt den Teig.

Er streicht ihn auf das Backblech.

Nun belegt Opa den Teig mit Äpfeln.

Er schiebt das Blech in den Backofen.

Nach vierzig Minuten klingelt der Wecker.

Nun nimmt Opa den fertigen Kuchen aus dem Ofen.

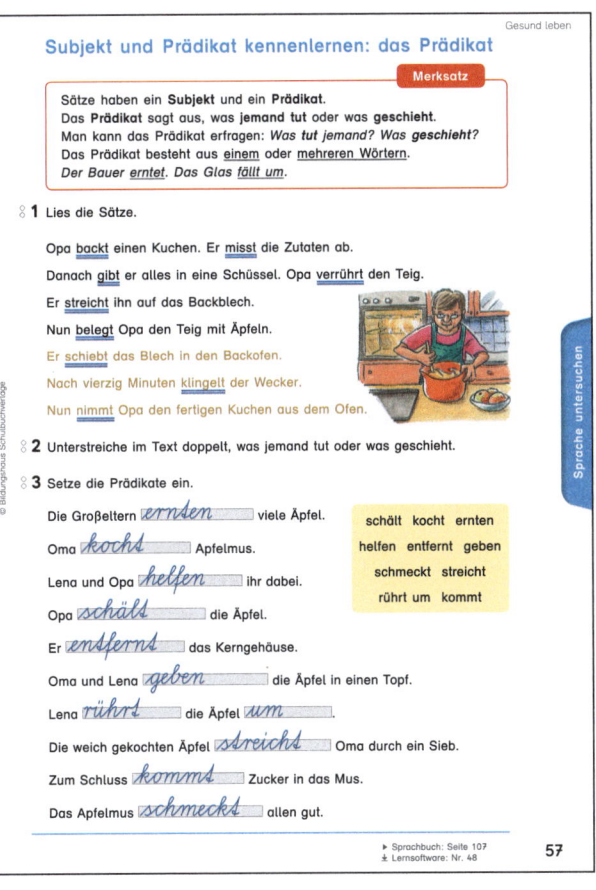

2 Unterstreiche im Text doppelt, was jemand tut oder was geschieht.

3 Setze die Prädikate ein.

Die Großeltern *ernten* viele Äpfel.

Oma *kocht* Apfelmus.

Lena und Opa *helfen* ihr dabei.

Opa *schält* die Äpfel.

Er *entfernt* das Kerngehäuse.

Oma und Lena *geben* die Äpfel in einen Topf.

Lena *rührt* die Äpfel *um*.

Die weich gekochten Äpfel *streicht* Oma durch ein Sieb.

Zum Schluss *kommt* Zucker in das Mus.

Das Apfelmus *schmeckt* allen gut.

> schält kocht ernten
> helfen entfernt geben
> schmeckt streicht
> rührt um kommt

Sprache untersuchen

▶ Sprachbuch: Seite 107
± Lernsoftware: Nr. 48

57

Subjekt und Prädikat unterscheiden

Merksatz

In jedem Satz gibt es ein **Subjekt** und ein **Prädikat**.
Das **Subjekt** sagt, **wer** etwas tut:
(Wer?) Unsere Familie frühstückt am Sonntag gemeinsam.
Das **Prädikat** sagt, was jemand **tut** oder was **geschieht**.
Unsere Familie frühstückt am Sonntag gemeinsam.

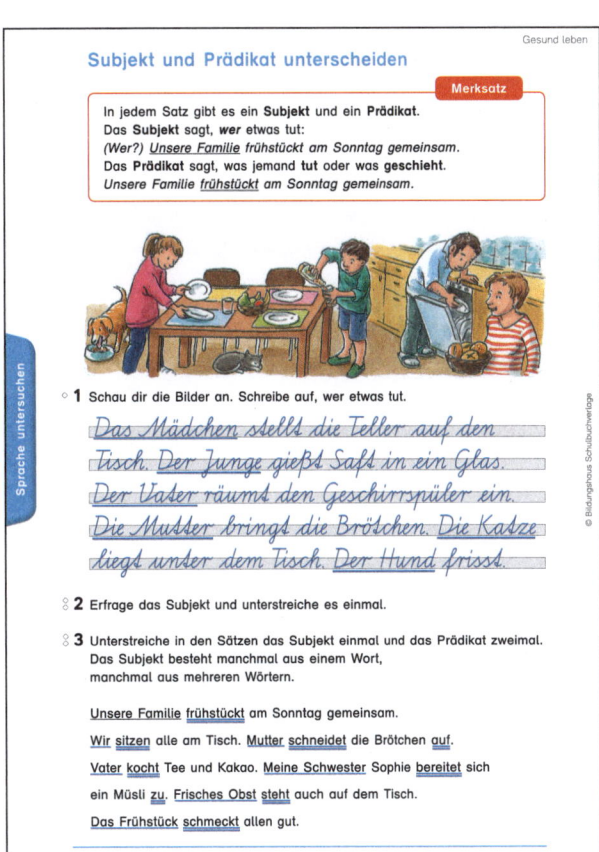

1 Schau dir die Bilder an. Schreibe auf, wer etwas tut.

*Das Mädchen stellt die Teller auf den
Tisch. Der Junge gießt Saft in ein Glas.
Der Vater räumt den Geschirrspüler ein.
Die Mutter bringt die Brötchen. Die Katze
liegt unter dem Tisch. Der Hund frisst.*

2 Erfrage das Subjekt und unterstreiche es einmal.

3 Unterstreiche in den Sätzen das Subjekt einmal und das Prädikat zweimal.
Das Subjekt besteht manchmal aus einem Wort,
manchmal aus mehreren Wörtern.

Unsere Familie frühstückt am Sonntag gemeinsam.

Wir sitzen alle am Tisch. Mutter schneidet die Brötchen auf.

Vater kocht Tee und Kakao. Meine Schwester Sophie bereitet sich

ein Müsli zu. Frisches Obst steht auch auf dem Tisch.

Das Frühstück schmeckt allen gut.

Sprache untersuchen

58

▶ Sprachbuch: Seite 108
± Lernsoftware: Nr. 47

Was kann ich nun?

Teste dich selbst. Bearbeite die folgenden Aufgaben.
Schau dann auf Seite 85 nach, ob du sie richtig gelöst hast.
Male in die Kreise: Die Aufgabe war leicht ☺, mittel ☺, schwer ☹.

1 ss oder β? Schreibe die Wörter richtig auf.

> Schlü■el flei■ig grü■en Flü■e
> Spä■e Nü■e be■er au■en

*Schlüssel, fleißig, grüßen, Flüsse,
Späße, Nüsse, besser, außen*

2 Lies die Sätze deutlich. In jedem Satz hat sich ein Fehler versteckt.
Streiche die falsch geschriebenen Wörter durch. Schreibe den Text richtig auf.

Mein Bruder mag keine Süßigkeiten.

Er ißt lieber Müsli mit Nüssen.

In meine Tasse giesse ich frische Milch.

*Mein Bruder mag keine Süßigkeiten.
Er isst lieber Müsli mit Nüssen.
In meine Tasse gieße ich frische Milch.*

3 Unterstreiche in jedem Satz das Subjekt einmal und
das Prädikat zweimal.

Frau Meier gießt im Garten das Gemüse.

Heute erntet die fleißige Frau viele Möhren.

Daraus bereitet sie eine gute Suppe zu.

4 Schreibe eine Frage nach dem Subjekt von Aufgabe 3 auf.

*Wer gießt im Garten das Gemüse?
Wer erntet viele Möhren?*

Was kann ich nun?

▶ Sprachbuch: Seite 111

61

Informationen entnehmen

Die Biene (*Apis mellifera*)
Die Bienen gehören zu den Insekten. Es gibt sie auf der ganzen Welt.
Sie sind sehr nützliche Tiere. Ein Bienenvolk besteht aus 40 000 bis 80 000
Tieren. In einem Volk gibt es verschiedene Bienen: Arbeiterinnen, Drohnen
und eine Bienenkönigin. Drohnen sind die männlichen Tiere.
Sie besitzen keinen Stachel. Die Arbeiterinnen bauen die Waben
des Bienenstocks und bewachen diesen. Sie versorgen auch
den Nachwuchs und sammeln Nektar, aus dem Honig entsteht.
Pro Tag kann ein Bienenvolk bis zu einem Kilogramm Honig produzieren.
Mit ihrem Stachel verteidigen sich die Bienen gegen ihre Feinde.

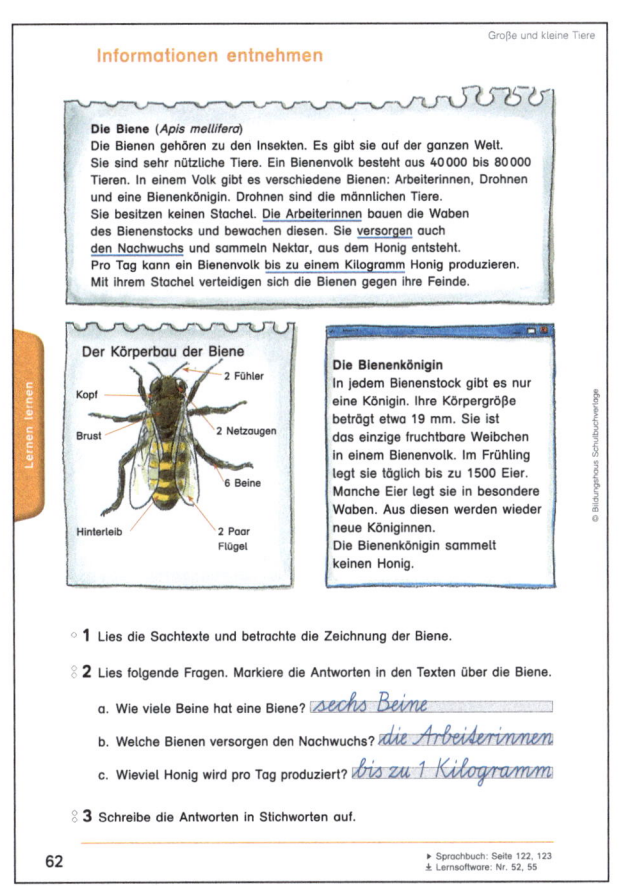

Der Körperbau der Biene

Kopf
Brust
Hinterleib

2 Fühler
2 Netzaugen
6 Beine
2 Paar Flügel

Die Bienenkönigin
In jedem Bienenstock gibt es nur
eine Königin. Ihre Körpergröße
beträgt etwa 19 mm. Sie ist
das einzige fruchtbare Weibchen
in einem Bienenvolk. Im Frühling
legt sie täglich bis zu 1500 Eier.
Manche Eier legt sie in besondere
Waben. Aus diesen werden wieder
neue Königinnen.
Die Bienenkönigin sammelt
keinen Honig.

1 Lies die Sachtexte und betrachte die Zeichnung der Biene.

2 Lies folgende Fragen. Markiere die Antworten in den Texten über die Biene.

a. Wie viele Beine hat eine Biene? *sechs Beine*

b. Welche Bienen versorgen den Nachwuchs? *die Arbeiterinnen*

c. Wieviel Honig wird pro Tag produziert? *bis zu 1 Kilogramm*

3 Schreibe die Antworten in Stichworten auf.

Lernen lernen

62

▶ Sprachbuch: Seite 122, 123
± Lernsoftware: Nr. 52, 55

Lösungen

Panel 1 (Page 64)

Wörter mit ie schreiben

Merksatz

> Die meisten Wörter, in denen du ein **langes und deutliches** i hörst,
> werden mit **ie** geschrieben: *Biene, niemand, fliegen.*

1 Ordne die Wörter mit **ie** nach dem Alphabet.

niemand	gießen	schwierig	Niete	Kiefer	Hieb	Spiel

gießen, Hieb, Kiefer, niemand, Niete,
schwierig, Spiel

2 Markiere die Wortgrenzen.

BEISPIEL|SCHIEF|MIETE|FRIEREN|LIED|TIEF|SCHIEBEN|RIESIG|WIEGEN

3 Ordne die Wörter aus der Wörterschlange in die Tabelle ein.
Achte auf die Groß- und Kleinschreibung!

Verben	Adjektive	Nomen (Substantive)
frieren	*schief*	*Beispiel*
schieben	*tief*	*Lied*
wiegen	*riesig*	*Miete*

4 Schreibe die Wörter mit Trennstrichen auf.

Flieder	verbieten	Frieden	verlieren	kriegen	zielen
sieben	riechen	wieder	Wiese	Lieder	lieben
riefen	schiefe	viele	tiefe	liefen	

Flie-der, ver-bie-ten, Frie-den, ver-lie-ren,
krie-gen, zie-len, sie-ben, rie-chen,
wie-der, Wie-se, Lie-der, lie-ben,
rie-fen, schie-fe, vie-le, tie-fe, lie-fen

64

Panel 2 (Page 65)

Wörter mit Dehnungs-h üben

Merksatz

> Für Wörter mit einem langen Selbstlaut (Vokal) gilt:
> Nur **vor den Mitlauten** (Konsonanten) **l, m, n, r** kann
> ein **Dehnungs-h** stehen: *kühl, Bahn, zahm, bohren.*
> Die meisten Wörter mit einem langen Selbstlaut (Vokal)
> enthalten aber kein **Dehnungs-h**.

1 Schreibe die Wörter geordnet auf.

ähnlich	Stuhl	Bohrer	zahm	Nahrung	fühlen
ohne	rühren	wählen	nehmen	ihm	ihn
ehrlich	zehn	Rahmen	Fehler		

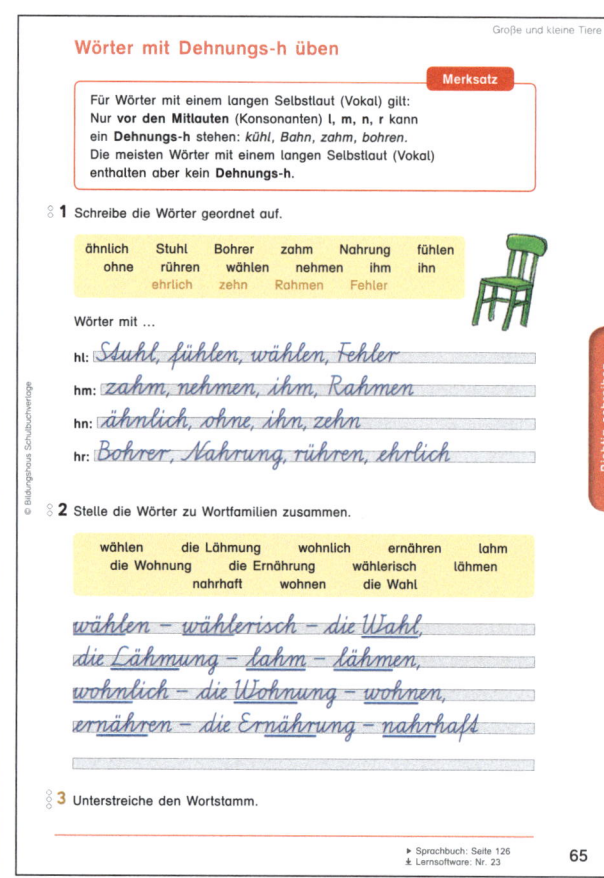

Wörter mit ...

hl: *Stuhl, fühlen, wählen, Fehler*

hm: *zahm, nehmen, ihm, Rahmen*

hn: *ähnlich, ohne, ihn, zehn*

hr: *Bohrer, Nahrung, rühren, ehrlich*

2 Stelle die Wörter zu Wortfamilien zusammen.

wählen	die Lähmung	wohnlich	ernähren	lahm
die Wohnung	die Ernährung	wählerisch	lähmen	
nahrhaft	wohnen	die Wahl		

wählen – wählerisch – die Wahl,
die Lähmung – lahm – lähmen,
wohnlich – die Wohnung – wohnen,
ernähren – die Ernährung – nahrhaft

3 Unterstreiche den Wortstamm.

65

Panel 3 (Page 66)

Zeitformen unterscheiden: Perfekt und Präteritum

Merksatz

> Es gibt zwei **Zeitformen** für die Vergangenheit.
> Das **Präteritum** verwenden wir meist, wenn wir etwas **aufschreiben,**
> was vergangen ist.
> *Die Fliege flog ins Netz, doch sie befreite sich wieder.*
> Das **Perfekt** gebrauchen wir, wenn wir etwas **mündlich erzählen,**
> was vergangen ist.
> *Die Fliege ist ins Netz geflogen, doch sie hat sich wieder befreit.*

1 Dieser Text steht im Perfekt. Unterstreiche die Verben in den Sätzen.

Tierbeobachtung
Der Hund hat im Garten die Katze gejagt.
Die hat sich mit ihrer Tatze gewehrt.
Der Hund hat laut gebellt,
die Katze hat vertraut miaut.
Dann ist sie einen Baum hinaufgeklettert.
Der Hund hat nur noch „schnauf" gemacht.

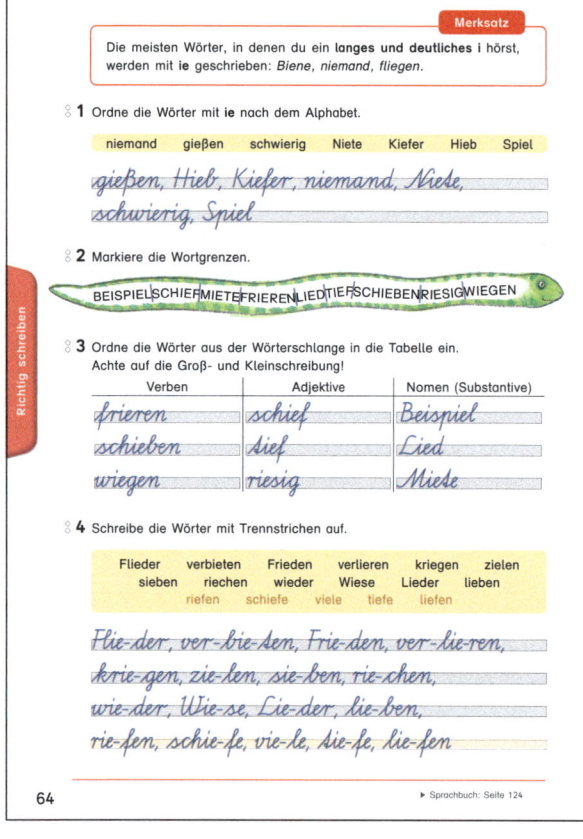

2 Wenn du die Verben ins Präteritum umformst,
wird ein Gedicht daraus, das sich reimt.
Schreibe es in dein Heft:

Tierbeobachtung
Der Hund jagte im Garten die Katze.
... Tatze.

3 Dieser Text steht im Präteritum.
Wenn du die Verben ins Perfekt umformst, wird ein Gedicht daraus.
Schreibe es in dein Heft.

Die Zitterspinne
Ich ging in den Keller,
da hing eine Spinne.
Wie erschreckte ich mich,
in einer dunklen Ecke steckte sie.
Auch die Spinne bekam einen Schreck
und nahm auf acht Beinen Reißaus.
Am ganzen Leibe zitterte sie,
ihr Netz zerknitterte sie dabei.

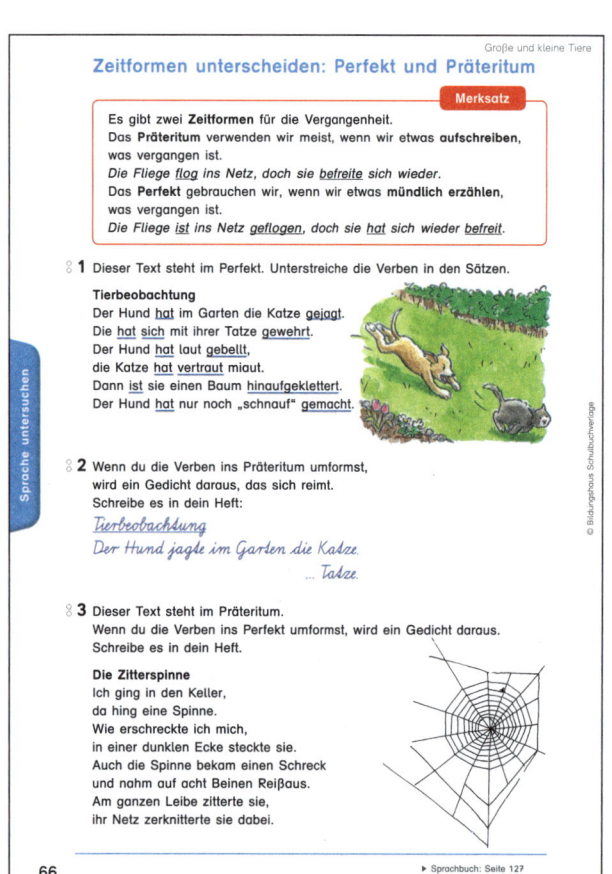

66

Panel 4 (Page 67)

Verben in den Zeitformen üben

1 Schreibe die fehlenden Verbformen in die Zeilen. Sie reimen sich.

lügen, log, hat gelogen → fliegen, *flog*, *ist geflogen*

denken, dachte, hat gedacht → bringen, *brachte, hat gebracht*

biegen, bog, hat gebogen → ziehen, *zog*, *hat gezogen*

fließen, floss, ist geflossen → gießen, *goss*, *hat gegossen*

gehen, ging, ist gegangen → fangen, *fing*, *hat gefangen*

2 Markiere die Verbformen, die zusammengehören, mit der gleichen Farbe.

ich schob	sie ritten	sie hat gefunden	wir haben gemusst
wir mussten	er floss	sie hat genommen	ich bin gewesen
ich war	ihr hattet	sie sind geritten	er ist geflossen
sie fand	sie nahm	ich habe geschoben	ihr habt gehabt

3 Ordne die Verben von Aufgabe 2 in die Tabelle ein.

Grundform	Präteritum	Perfekt
schieben	*ich schob*	*ich habe geschoben*
reiten	*sie ritten*	*sie sind geritten*
müssen	*wir mussten*	*wir haben gemusst*
sein	*ich war*	*ich bin gewesen*
finden	*sie fand*	*sie hat gefunden*
nehmen	*sie nahm*	*sie hat genommen*
fließen	*er floss*	*er ist geflossen*
haben	*ihr hattet*	*ihr habt gehabt*

4 Ergänze die Grundform.

67

86

Mit Satzgliedern üben

1 Wie viele Satzglieder haben diese Sätze?
Trenne die Satzglieder mit Strichen voneinander ab.
Nutze dazu die Umstellprobe.

Manche | Tiere | fressen | keine | Körner.

Dafür | lieben | sie | Gras | ganz | besonders.

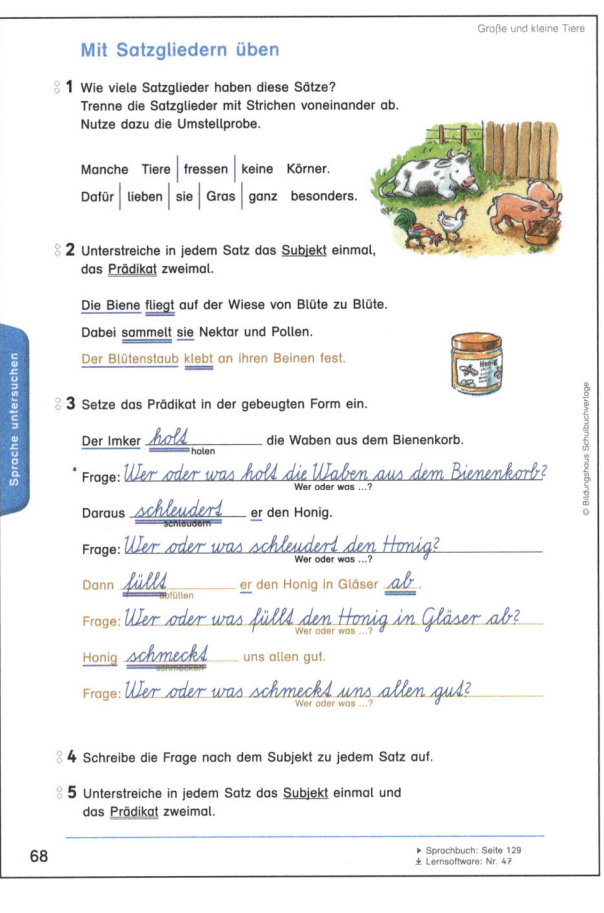

2 Unterstreiche in jedem Satz das <u>Subjekt</u> einmal,
das <u>Prädikat</u> zweimal.

<u>Die Biene</u> <u>fliegt</u> auf der Wiese von Blüte zu Blüte.

Dabei <u>sammelt</u> <u>sie</u> Nektar und Pollen.

<u>Der Blütenstaub</u> <u>klebt</u> an ihren Beinen fest.

3 Setze das Prädikat in der gebeugten Form ein.

Der Imker *holt* (holen) die Waben aus dem Bienenkorb.

Frage: *Wer oder was holt die Waben aus dem Bienenkorb?*
Wer oder was ...?

Daraus *schleudert* (schleudern) er den Honig.

Frage: *Wer oder was schleudert den Honig?*
Wer oder was ...?

Dann *füllt* (abfüllen) er den Honig in Gläser *ab.*

Frage: *Wer oder was füllt den Honig in Gläser ab?*
Wer oder was ...?

Honig *schmeckt* (schmecken) uns allen gut.

Frage: *Wer oder was schmeckt uns allen gut?*
Wer oder was ...?

4 Schreibe die Frage nach dem Subjekt zu jedem Satz auf.

5 Unterstreiche in jedem Satz das <u>Subjekt</u> einmal und
das <u>Prädikat</u> zweimal.

▶ Sprachbuch: Seite 129
⌁ Lernsoftware: Nr. 47

Sprache untersuchen

Sätze erkennen – Punkte setzen

Merksatz

> Einen Satz beendet man mit einem **Satzschlusszeichen:**
> **Punkt, Ausrufezeichen, Fragezeichen.**
> Das **erste Wort** in einem neuen Satz schreibt man **groß.**
> Dadurch kann man beim Lesen erkennen,
> wo ein Satz aufhört und ein neuer Satz beginnt.

1 Lies den Text. Was fällt dir auf?

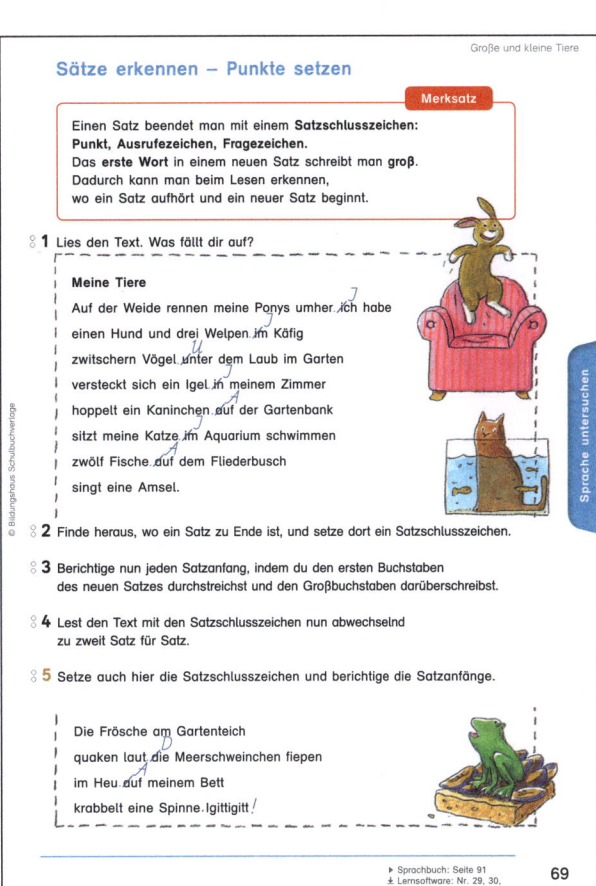

Meine Tiere

Auf der Weide rennen meine Ponys umher. Ich habe

einen Hund und drei Welpen. Im Käfig

zwitschern Vögel. Unter dem Laub im Garten

versteckt sich ein Igel. In meinem Zimmer

hoppelt ein Kaninchen. Auf der Gartenbank

sitzt meine Katze. Im Aquarium schwimmen

zwölf Fische. Auf dem Fliederbusch

singt eine Amsel.

2 Finde heraus, wo ein Satz zu Ende ist, und setze dort ein Satzschlusszeichen.

3 Berichtige nun jeden Satzanfang, indem du den ersten Buchstaben
des neuen Satzes durchstreichst und den Großbuchstaben darüberschreibst.

4 Lest den Text mit den Satzschlusszeichen nun abwechselnd
zu zweit Satz für Satz.

5 Setze auch hier die Satzschlusszeichen und berichtige die Satzanfänge.

Die Frösche am Gartenteich

quaken laut. Die Meerschweinchen fiepen

im Heu. Auf meinem Bett

krabbelt eine Spinne. Igittigitt!

Sprache untersuchen

Was kann ich nun?

Teste dich selbst. Bearbeite die folgenden Aufgaben.
Schau dann auf Seite 87 nach, ob du sie richtig gelöst hast.
Male in die Kreise: Die Aufgabe war leicht ☺, mittel ☺, schwer ☹.

1 Kreuze an, wie der Satz richtig enden muss.
In Wörtern, die mit **ie** geschrieben werden, ⊗ klingt das i lang.
○ klingt das i kurz.

2 Schreibe die Wörter zu diesen Bildern.

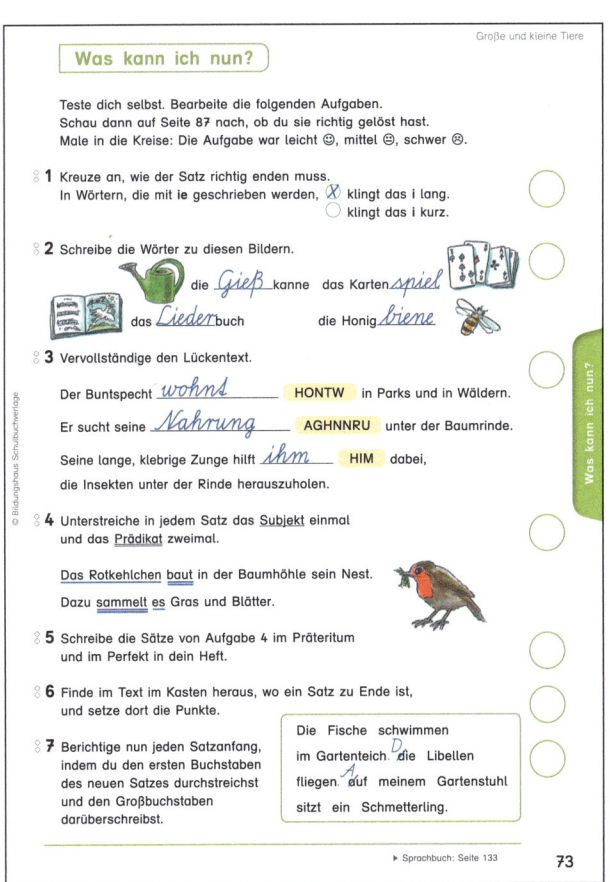

die *Gieß*kanne   das Karten*spiel*

das *Lieder*buch   die Honig*biene*

3 Vervollständige den Lückentext.

Der Buntspecht *wohnt* `HONTW` in Parks und in Wäldern.

Er sucht seine *Nahrung* `AGHNNRU` unter der Baumrinde.

Seine lange, klebrige Zunge hilft *ihm* `HIM` dabei,

die Insekten unter der Rinde herauszuholen.

4 Unterstreiche in jedem Satz das <u>Subjekt</u> einmal
und das <u>Prädikat</u> zweimal.

<u>Das Rotkehlchen</u> <u>baut</u> in der Baumhöhle sein Nest.

Dazu <u>sammelt</u> <u>es</u> Gras und Blätter.

5 Schreibe die Sätze von Aufgabe 4 im Präteritum
und im Perfekt in dein Heft.

6 Finde im Text im Kasten heraus, wo ein Satz zu Ende ist,
und setze dort die Punkte.

7 Berichtige nun jeden Satzanfang,
indem du den ersten Buchstaben
des neuen Satzes durchstreichst
und den Großbuchstaben
darüberschreibst.

Die Fische schwimmen

im Gartenteich. Die Libellen

fliegen. Auf meinem Gartenstuhl

sitzt ein Schmetterling.

Was kann ich nun?

▶ Sprachbuch: Seite 133

© Bildungshaus Schulbuchverlage

Arbeitsplan

In diesem Plan kannst du aufschreiben, was du schon geübt hast und was du als Nächstes im Arbeitsheft machen willst.

Seite	Aufgabe	Wie?	Wann?	Erledigt	Kontrolliert
6	1	mit …	…	☺	✔
				◯	
				◯	
				◯	
				◯	
				◯	
				◯	
				◯	
				◯	
				◯	
				◯	
				◯	
				◯	
				◯	
				◯	
				◯	
				◯	